汉字中的历法之美

王元鹿 主编
蒋德平 著

文匯出版社

序

王元鹿

有一件美好的东西，日日与您为伴，日日为您服务，您却常常忽视了它的美——内在的美与外在的美，这就是汉字。

汉字是我们伟大祖国的宝贵遗产之一。如果说到汉字的特点与特色，一言以蔽之，就是美。汉字的“美”包含了使汉字得以产生与发展的客观环境的美——有物质的美、精神的美、逻辑的美还有大自然的美。汉字的“美”也反映在汉字自身的构成与形态上。造字方法的精巧，文字姿态的曼妙，都令人赞叹不已。

汉字的“美”有其历史过程。如以甲骨文的产生为起点，汉字至少已有三千多年的历史。何况甲骨文其实还不能算是汉字的最早形态。然而，即便在甲骨文与早期金文中，我们已经可以领略其古朴与端庄，还可以理解通过其字形背后的古代社会的历史、文化与生活现象，乃至我们祖先的造字的智慧——这一切，都是美不胜收的。

今天我们使用的现代汉字，已经是几经变化的形体，多少已失去了它们的早期风貌，也不易推断出他们造字的依据。学者们的不懈努力，使我们逐步深入了解了古代汉字的来龙去脉，并进而通过古代文字的研究去搜寻我们祖先的生活状况及他们的精神风貌。可以说，从汉字看历史，又从历史来追溯汉字的渊源，既是一个科学研究的过程，又是一个欣赏文字美的过程。

必须说明的是，这套书是在参考古今许多文字学及相关学科专家的研究成果基础上写出的。限于丛书的体例，行文中引用或述及文字学专家或其他领域专家的观点与成果，一般不专门写出或注出他们的名字及这些著作的名称。在此，向这些专家致以衷心的谢忱。

美是需要去发现的。由于我们见惯并用惯了汉字，才使我们习以为常地不去注意其内部蕴藏着的美。这套丛书，就是鉴于此种情形策划设计的。从文字与文字相关的角度——语言、历史、文化、考古、文学等多个方面，全方位地挖掘并向读者展示汉字的美，是本丛书作者的美好愿望。如果读者随着我们的笔，在弄清一个个古文字的同时，进一步了解它们折射出来的中国古代社会历史与文化的方方面面，以及我们的祖先的思维特点与心路历程，这将是何等快意的事！

2012年7月写于华东师范大学中国文字研究与应用中心

目录

岁历篇

〖欢天喜地过大“年”〗

过年，可以说是中国人的狂欢节。

今年过年期间的一天，三岁多的小外孙女突然问了我一个这样的问题：“外公，为什么要过年呢？”是啊，为什么要过年呢？这恐怕不是每一个中国人都能回答得上来的问题。要回答这个问题，还得先从“年”字的字形演变历史说起。

“年”，小篆写作，文字构形从禾从千，隶定以后写作“秊”，或写作“秆”。《集韵·先韵》就说：“年，亦书作秆。”古汉字构形常常是左右、上下不分的。

“年”字构形为什么要写作“秊”？它与“禾”究竟有何密切关系呢？

要理解“年”与“禾”的关系，就得先说说“禾”字。“禾”本是谷类作物的通称。东汉许慎的《说文解字·禾部》说：“禾，嘉谷也。二月始生，八月而孰（熟），得时之中，故谓之禾。”《诗经·七月》说：“十月纳禾稼，黍稷重穋，禾麻菽麦。”《仪礼·聘礼》：“门外米禾皆二十车，薪刍倍禾。”清人程瑶田《九谷考·粱》：“《聘礼》米禾皆兼黍稷稻粱言之，以他谷连槁者，不别立名。”《尚书·金縢》：“秋，大熟，未获，天大雷电以风，禾尽偃。”《左传·宣公七年》：“赤狄侵晋，取向阴之禾。”孔颖达疏：“苗秀乃名为禾。”《淮南子·缪称训》：“夫子见禾之三变也，滔滔然曰：‘狐乡（向）邱而死，我其首禾乎！’”高诱注：“三变，始于粟，粟生于苗，苗成于穗也。”这些文献中的“禾”都是代表各种庄稼的。

其实，早在甲骨文、金文中也是这样。甲骨文常见的“求禾”、“受禾”、“受黍禾”、“它禾”以及“锡（赐）禾”等中的“禾”就是泛指谷类作物的。就字形来说，甲骨文的“禾”字写作、，像禾抽穗后之形状：沉甸甸的穗，上扬下垂参差旁出的叶子，以及茎和根。金文的“禾”字写作、，更强调了向根而垂的穗，可以看出，是小篆禾作之所本。而所谓“穗”，就是“脱颖而出”的颖，字本写作“采”。《说文解字·禾部》：“采，禾成秀也，人所以收。从禾、爪。穗，采或从禾，惠声。”又，《广韵·静韵》：“颖，穗也。”《小广雅·广物》：“禾穗谓之颖。”《文选·张衡〈思玄赋〉》说：“既垂颖而顾本兮，而亦要思乎故居。”李善注：“言禾垂颖以顾本，犹人之思故居也。《淮南子》曰：‘孔子见禾三变：始於粟，生於苗，成於穗，乃叹曰，我其首禾乎。’高诱曰：‘禾穗向根，故君子不忘本也。’”“垂颖而顾本”就是禾穗垂而向根，是谷物成熟的标志。甲骨文、金文、小篆诸禾字之形状便是成熟了的谷类作物的线条化。

中国是以农业为主的国家，中国人是以种植为生的。收成的好坏关系着他们的命运，没有比这更重要的事了。所以“禾”是“年”的基础，有禾才有年。正如黄现璠先生在他的《古书解读初探》一书中所说：“必先有禾之种植，而后有‘年’字之发生，年生于禾，非禾生于年。”年字上半部从禾就是这个道理。

古代的中国，谷物丰收就叫“有年”。《春秋·桓公三年》“有年”《谷梁传》解释说：“五谷皆孰（熟）为有年。”清《五经文海》进一步解释说：“有年之书，所以志喜也。”意思是说《春秋》记上“有年”二字，是表示五谷丰收所以志喜。《尚书·多士》：“尔厥有幹，有年于兹洛。”孔（安国）传：“有丰年于此洛邑。”《史记·天官书》：“有年。”张守节《史记正义》说：“有年，谓丰熟也。”如果谷物大丰收就叫“大有年”。《春秋·宣公十六年》“冬，大有年”《谷梁传》解释说：“五谷大熟为大有年。”清《五经文海》又进一步解释说：“特书大有年，为鲁之民幸也。”“年”又引申指一年中庄稼的收成，如“丰年”、“歉年”、“年景”、“年成”。直到现在我们还常常把谷物丰收与否看作“年成”的好坏。所以，东汉许慎的《说文解字·禾部》是这样说解的：“秊（年），谷孰（熟）也。从禾，千声。”

爆竹生花

引自《中国节：图说民间传统节日》第6页 李露露 著 福建人民出版社 2012年3月第2版

民以食为天。俗话说：“家中有粮，心中不慌。”有意思的是，后世“王”字的异体或写作“⿱禾一”，构形从禾，这与“谷熟”之“年”构形从禾应该是同样的道理。《龙龛手鉴·禾部》说：“⿱禾一，古文王字。”《中常侍樊安碑》：“慷慨礅愤，宦于秂室。"《繁阳令杨君碑》："民思遗爱，奔告于秂。"清顾蔼吉《隶辨·阳韵》："王字作秂。"

接下来的另一个问题是，"秊（年）"字构形与"千"又有何联系呢？原来小篆"秊（年）"字构形从千是从人的讹变。在古文字中，"年"字的构形是写作以人负禾的形状，象征着五谷丰登。如，甲骨文作、；早期的金文作、，都是像一个人头部戴（顶）着禾的形状。

晚期金文"年"字下部人形的中间部分，或写得肥一些，或干脆在相当于腹部的位置上加一圆点，写成了。古人又常常喜欢将小圆点扩展开来变成一横，于是，"年"字便又写成了、。"年"字的"人"形一变而成了"千"。这便是小篆的由来。所谓"千"，实际上是人形讹变的结果。许慎说"年"字"从禾，千声"，是根据讹变了的字形所作的分析，当然不足为据。到了战国时期，有些铭文制作者又在字的底部再加一横，强调人站立之地，"年"字又变成了、、，文字构形的下部又好像是从壬了。

循着"年"字字形演变发展的轨迹可以看出，甲骨文和早期金文的年字都是以人负禾来会意的，最初构形强调的可能是"禾"，发展到晚期金文，字形强调的重点可能在"人"，只不过是强调过了头，导致字形发生了讹变。"年"字构形本来并不从千，也不从壬，从千是从人的讹变，从壬又是从千的讹变。至于后来的隶书、楷书的"年"字又是将小篆拽平了的结果。如果不作特别的字形演变梳理，恐怕谁也想不到，楷书"年"字左上角的一撇是稻穗，中间的一点是人体的一部分。

中国的大部分地区都处在北温带，而古代只有原始的耕作技术，庄稼一年只能成熟一次。先民们春天忙于耕地播种，夏季忙于田间管理，秋天忙于收获，冬季忙于收藏粮食。一年就在春耕、夏耘、秋收、冬藏中过去。在一年又一年的重复劳作之中，古代的中国人自然就把农事和季节联系了起来，把季节和农事的周期叫做“年”。于是，“年”又由禾谷丰收引申指时间“年”。《尔雅·释天》：“夏曰岁，商曰祀，周曰年，唐曰载。”晋郭璞注：“岁，取星行一次；祀，四时一终；年，取禾一熟；载，取物终更始。”宋邢昺疏：“年者，禾熟之名，每岁一熟，故以为岁名。”由此可知，周代以年为岁名，就是因“年”为谷熟之名，且一年谷熟一次。

至于“谷熟”之“年”是什么时候开始用作“年岁”之“年”，许多学者认为始于西周金文。然而，根据董作宾、胡厚宣两位先生的考证，其实早在殷商时期，“年”已偶用作“年岁”之年。甲骨刻辞中，已经出现用“年”字表示春夏秋冬这一整段时间的例证。《甲骨文合集》24610：“……戌卜，出贞：自今十年㞢（之）五，王……。”董作宾释“十年㞢五”为“十年有五”，即十五年。《殷契粹编》1279：“……卜，贞……至于十年宝。”胡厚宣说：“这是一片称‘年’的重要卜辞。”另外还举出“乙巳卜，贞：尹至五年宝”、“乙巳卜，贞：尹至于七年宝”两条卜辞为证。由此，我们大概可以这样认为，早在殷商时代，“年”就已经开始用作年岁之年，只不过到了周代才正式使用。

禾熟为年。禾、年二字密不可分。金文和古玺文偶见以“禾”为“年”的特例。如《东盷尊铭》：“唯东盷惠于金，自乍宝彝，其万禾年，子孙永保用享。”杨树达《耐林庼金文说·东盷尊跋》：“铭文以禾为年，与《中𣪘》同，年字本从禾也，彝铭有省形通用之例。”

古汉字系统中，与“年”字情形相同的还有两个字，即“秋”、“稔”两字。《说文·禾部》：“秋，禾谷孰（熟）也。”秋的本义是禾谷成熟，引申有收成和丰收的意思。《尚书·盘庚》：“若农服田，力穑乃亦有秋。”服田犹如今语种田，力穑即努力耕作，有秋即有收获。又，禾多春种秋收，故“秋”引申指收获季节，后为秋季专名，有时也借指年岁。《诗·王风·采葛》：“彼采萧兮，一日不见，如三秋兮。彼采艾兮，一日不见，如三岁兮。”秋、岁对文，三秋即三年。《史记·梁孝王世家》：“上与梁王燕饮，尝从容言曰：‘千秋万岁后将传于王。’”

“稔”字本义也是谷熟，引申也表年岁的意思。《说文解字·禾部》：“稔，谷孰（熟）也。从禾，念声。《春秋传》曰：‘鲜不五稔。’”王筠《说文句读》：“此谓五谷蕃孰（熟）谓之稔也。”《玉篇·禾部》：“稔，年熟也。”《广韵·寝韵》：“稔，亦岁熟。”《国语·吴语》：“吴王夫差既杀申胥不稔于岁，乃起师北征。”韦昭注：“稔，熟也。”又，《广雅·释诂一》：“稔，年也。”《左传·襄公二十七年》：“所谓不及五稔者，夫子之谓矣。”杜预注：“稔，一年也。”陆德明《经典释文》：“谷一熟，故为一年。”汉蔡邕《独断》：“三代年岁之别名，唐虞曰载。载，岁也，言一岁莫不覆载，故曰载也。夏曰岁，一曰稔也。商曰祀。周曰年。”《玄应音义》卷二十一“丰稔”注：“稔，亦年也，皆取一终之名也。”

年、秋、稔的本义都是禾谷成熟，引申之又都指禾谷成熟的周期。“年”作为时间观念，是抽象的。古人造字，凡抽象的东西必借助具体的形象来表示，“年”就是一个典型的例子。

带有“年”字的甲骨文拓片——“甲辰卜商受年”

引自《卜辞通纂》第四五〇片第111页 郭沫若著 科学出版社 1983年6月第1版

说起过年，尽管各地习俗略有不同，但大家自然都会联想起各式各样的热闹而欢庆场面。其实，这一习俗与“年”字还有着密切的关系呢。有学者根据甲、金文的早期文字构形解释说，“年”实是古代的庆丰收舞。古汉字“年”描绘的是收获庄稼的生动场面：上部的符号表示“穗子下垂的庄稼”，下部的符号表示“背着庄稼的人”。“年”字也许就是庆祝“大有年”活动中某种情景或场面的反映吧。

《吕氏春秋·古乐》有这样一段记载，被后来的艺术史学家们称之为歌舞之祖的原始乐舞——“葛天氏之乐”：“昔葛天氏之乐，三人操牛尾，投足以歌八阙：一曰载民，二曰玄鸟，三曰遂草木，四曰奋五谷，五曰敬天常，六曰建帝功，七曰依地德，八曰总禽兽之极。”现代舞蹈研究者认为，“葛天氏之乐”既是一场原始乐舞，又是一场关于农业丰产祭祀的巫仪。其中，“奋五谷”当然就有着让五谷蓬勃生发之意，亦即农业丰产祭祀仪式。

这种乐舞的结构和形式是：三人（众人）手持牛尾作道具，脚踏音乐的节奏，边唱边舞。歌舞分为八个段落：第一段可能是先民们在歌颂人类本身；第二段歌颂他们崇拜的图腾标记——玄鸟（《诗·商颂·玄鸟》：“天命玄鸟，降而生商。”）；第三段愿草木生长茂盛；第四段祝五谷丰收；第五段向上天表示敬意；第六段颂天帝佑民的功德；第七段谢大地的赐予；第八段望鸟兽大量繁殖，为人类提供丰富的衣食。

现代过年的欢庆（吃喝）应当是这种古风的遗存，只不过是在后来传承过程中又附会了许许多多不同版本的民间传说。在中国，关于“年”的传说大约有三种：一、年是吉祥兽，给人类带来四季好运、五谷丰登；二、年是怪兽，专门祸害庄稼、危害百姓；三、年是少年，协助人类除掉怪物夕。

当然，这不过是些民间的传说。但有一点是共同的，这就是在过年的欢庆之中，期盼来年的风调雨顺。宋赵与时《宾退录》卷五就记有武则天为

“年”造字的故事：“唐《君臣正论》载武后改易新字，如以‘山水土’为‘地’，‘千千万万’为‘年’。”也许正是基于同样的心理，女皇武则天为求江山的千秋万代而为“年”造了一个从千从万（萬）的异体“𠡦”字。

民间也有一则故事，说是有一秀才，颇识文墨，受人敬戴。然秀才家贫，时常吃了上顿愁下顿。转眼又到了过年的时候，望着揭不开锅的家，顿生感慨，就写了一副对联贴在门前。对联的字写得很好，只是有两个明显的错误，一是将“年”字贴倒了，二是他写的一个“家”字头上少一点。乡邻看后不解，且都耻笑他。秀才以略带自嘲的口吻解释道：“新‘年’已到（倒），‘家’中没有一点。”

年画《新年吉庆》(清)
引自《中华文化丛书·中华节日》第14页 李汉秋 熊静敏 谭绍兵 编著 百花洲文艺出版社 2012年10月第1版

〖“岁”岁平安〗

岁,与我们每一个人的日常生活密切相关。

以岁纪年源于岁星。岁本为星名,即木星。《说文解字·步部》说:“岁,木星也。越历二十八宿,宣遍阴阳,十二月一次。从步,戌声。律历书名五星为五步。”《左传·襄公二十八年》:“岁在星纪,而淫于玄枵。”杜预注:“岁,岁星也。”周代以前称年为岁,是取岁星运行一次之意。《尔雅·释天》:“夏曰岁,商曰祀,周曰年,唐曰载。”郭璞注:“岁,取岁星行一次。”三国杨泉《物理论》云:“岁行一次谓之岁,则十二岁而星一周天也。”行星经过星空的暂居之处所,称为星次。后就一般以岁为年的通称。

木星,西方人称之为“朱庇特(Jupiter)”,是罗马神话中的主神,相当于希腊神话中的天神宙斯。与西方文化相似,在中国传统的天文历法史上,岁星也是一颗极为重要的行星,地位不会低于西方,不仅用以纪年,而且认为是一颗吉祥的星。岁星所在,国泰民安,五谷丰登。《史记 · 天官书》就说:"其 (岁星) 所在,五星皆从而聚于一舍,其下之国可以义致天下。"唐代张守节《史记正义》也说:"岁星者,东方木之精,苍帝之象也。"岁星所在主福,所以也被认为是福星,如李商隐《无愁果有愁曲北齐歌》:"东有青龙西白虎,中含福星包世度。"

希腊神话中的木星守护神宙斯

引自《"宇宙与人"天文知识大博览 · 太阳系》第52页 王永成 著 华龄出版社 2001年7月第1版

如此重要的一颗行星,西方人以主神之名来命名,而我们古人则以"岁"来为之命名,这其中又有何玄机呢?要回答这个问题,得先从岁字说起。

"岁"的繁体作"歲",甲骨文写作、,金文写作,与戉古本一字。吴其昌《殷虚书契解诂》说:"其原始之本义,乃斧钺之象形也。"郭沫若在《甲骨文字研究 · 释岁》中也说:"古音岁戉本同部,凡同部之字均可通用,则岁戉通用固无足异。然余之意更有进者,则岁与戉古本一字也……因后用岁以为年岁或岁星字,故二者遂致分化也。"

戉为古代兵器及礼器——斧钺之本字，后写作钺。《说文解字·戉部》："戉，斧也。《司马法》曰：'夏执玄戉，殷执白戚，周左杖黄戉，右秉白髦。'"《玉篇·戉部》："戉，黄戉，以黄金饰斧也。又作钺。"《尚书·牧誓》"王左杖黄钺"陆德明《经典释文》："钺，本又作戉。"《广韵·月韵》："戉，又作钺。"《集韵·月韵》："戉，《说文》：'斧也。'或从金。"

作为中国古代武器及礼器的一种，钺形似斧而较大，重量也较斧更大，圆刃，金属制，也有玉石制的，在新石器时代良渚文化遗址中就发现已经有玉制的钺，在当时具有神圣的象征作用。后虽因形制沉重，灵活不足，渐渐脱离战场，但作为一种礼兵器，多用于礼仪，则常常作为持有者权力的象征。唐慧琳《一切经音义》卷四十一"钺斧"注就说："钺，古者君及大将执之以威众。"如《尚书·顾命》："一人冕，执钺，立于西堂。"《史记·殷本纪》："汤自把钺以伐昆吾，遂伐桀。"三国蜀诸葛亮《街亭自贬疏》："亲秉旄钺，以属三军。"

斧钺作为礼兵器早在商周时就有着重要的地位。1976年考古工作者在河南安阳殷墟唯一保存完整的商代王室墓葬妇好墓的发掘，就出土了两件大型青铜钺，其刃部宽约375～385毫米，重8.5～9公斤，上面铸有铭文"妇

妇好大型铜钺

引自《红粉帝国的幽梦——图说殷墟妇好墓》第58页 古方 著 重庆出版社 2006年5月第1版

好”。妇好是殷王武丁的妻子，生前是一位骁勇善战的著名女统帅，曾多次率兵出征。这两件大钺正是她权威的象征。

戉（钺）既是帝王威权之象征，以之命名木星，其文化心理与西方人以主神之名命名是相类似的。所以郭沫若先生在其《甲骨文字研究》中的结论是：“一、岁戉古本一字。二、古人尊视岁星，以戉为之符征以表示其威灵，故岁星名岁。三、由岁星之岁始孳乳为年岁字。”后又在《金文丛考·器铭考释·毛公鼎之年代》中进一步申说：“是故岁本戉之异文。其用为木星之名者乃第二段之演进。《洪范》五纪‘一曰岁’，与日月星辰并列而在历数之外，用知岁乃岁星。盖木星至明，而运行有异，原人未明其理，颇神异视之，故岁星每居天界之最上位，如巴比仑之视岁星为至上神，而以矛头为之符征者，其例也。以矛头为之符征者，乃示其威稜可畏，中国则以戉形表示之也。故岁遂

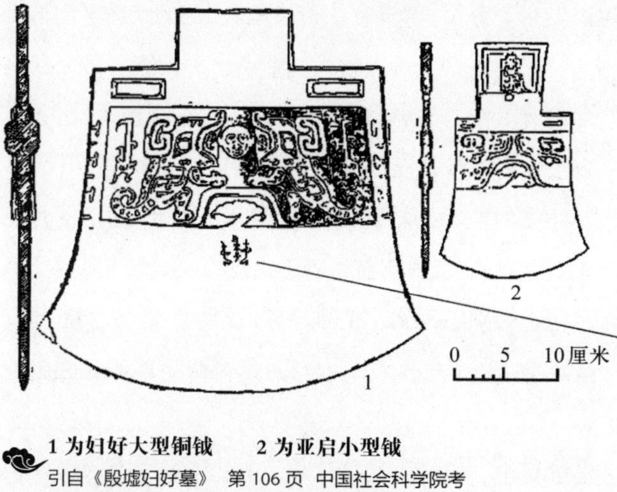

1 为妇好大型铜钺　　2 为亚启小型钺

引自《殷墟妇好墓》 第106页 中国社会科学院考古研究所编辑 文物出版社 1980年12月第1版

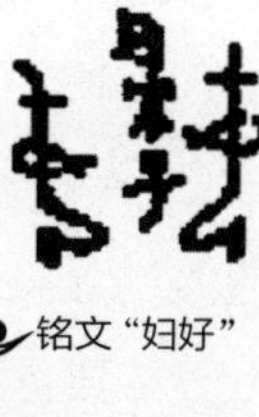

铭文“妇好”

孳乳为岁星也。由岁星更孳乳为年岁字。……经诸演进而岁与戉分化，岁失其本义遂为形声字矣。”

了解了岁、戉（钺）二字的渊源关系，也就为我们揭开了蒙在这上面的一道神秘面纱。

“岁”又或指太岁。《周礼·春官·冯相氏》“掌十有二岁”注：“岁谓太岁。”疏：“太岁在地，与天上岁星相应而行。岁星为阳，人之所见，右行于天，一岁移一辰，十二岁一小周；太岁为阴，人所不睹，左行于地，一与岁星跳辰年岁同。”

太岁最初是指中国古代天文学中的木星，因为木星每十二个月运行一次，所以古人称木星为岁星或太岁。太岁在中国汉民族文化中也是一种神祇信仰，根据十二干支划分，共有六十太岁，每年由一位太岁轮值，人们对太岁敬畏，有不可在“太岁头上动土”和“犯太岁”之说。

岁、戉二字的字用既发生了分化，字形也就相应地发生变化，岁字构形后增以步字，甲骨文作；金文作，或将表示钺刃的部分扩大作。岁字字形增以步形，这应当与行星围绕太阳，沿着黄道自西向东一步一步前进，古人又称五大行星为“五步”有很大的关系，所谓“律历书名五星为五步”。

战国时期楚国文字中的岁字又或从月作戢，又或从日作戢，构形从月或从日，显然是与岁用作年岁之岁相关，更凸显了岁月之意。

大约从战国开始，用金木水火土命名五大行星，便称岁星为木星。《汉书·律历志下》：“木，晨始见，去日半次。”五大行星用肉眼可以看见在天空运行，故名“五步”。

在后世的文字使用过程中，岁（歲）又写作嵗。如南朝梁刘潜《为江侍中荐士表》：“资寒暑而成嵗。”今本《艺文类聚》卷五十三引作“歲”。很显然，这是因为“止”、“山”二字字形相近而将“歲”字上部的“止”讹混作了“山”。又或许是因为延续这一讹混，岁的异体又或写作岂。《改并四声篇海·山部》引《龙龛手鉴》：“岂，音岁。”《字汇补·二部》：“岂，古岁字。”又或写作峕。《中国歌谣资料》第一集第七部分所引地方志有张江裁纂《北京峕时志》，“峕时”即“岁时”。今天我们所使用的简化字从山从夕，写作“岁”，显然是这一讹混的遗留。古代月、夕古本一字。

同为纪年用字，上古汉语中，岁、年二字的用法是有区别的。就其引申的源头看，岁由岁星引申有年岁之意，而年则是因禾熟引申有年岁之意。顾炎武在《日知录》卷三十二就说：“天之行谓之岁。《书》以闰月定四时成岁，‘岁二月东巡狩’是也。人之行谓之年。《书》‘维吕命王享国百年。’《左传》：‘季隗曰：“我二十五年矣。”(僖公二十三年)‘绛县人有与疑年，使之年。师旷曰：七十三年矣。’(襄公三十年)‘于是昭公十九年矣。’(襄公三十一年)《史记》：‘盖太公之卒百有馀年。’是也。今人多谓‘年’为‘岁’。”

另外，在纪年方面，岁、年二字之字用也是有区别的：岁是就阳历年而言，而年则就阴历年而言。《周礼·春官·大史》“正岁、年以序事”郑玄注：“中数曰岁，朔数曰年，中、朔大小不齐，正之以闰，若今时作历日矣。”贾公彦疏：“中气帀则为岁，朔气帀则为年。”孙诒让《周礼正义》：“《玉海·天文》引《三礼义宗》云：‘岁者，依中气一周，以为一岁；年者，依日月十二会，以为一年’……《月令》孔疏云：‘中数者，谓十二月中气一周，总三百六十五日四分之一，谓之一岁；朔数者，十二月之朔一周，总三百五十四日，谓之为年。此是岁年相对，故有朔数、中数之别。’”顾炎武《日知录》卷三十二说得更清楚：“自今年冬至，至明年冬至，岁也。自今年正月朔，至明年正月朔，年也。”所谓“中数”，是指中气一周之数，也即地球公转一周的时间，约三百六十五日，实际就是阳历年；而“朔数”是从第一年正月初一到第二年正月初一，约三百五十四日多，实际就是阴历年。

大约到了战国时期，纪年方面的年和岁的意义基本不分了，因为这时的阳历年与阴历年已经混合了。

在以农业种植为生的中国古人看来，收成的好坏直接关乎着他们的生存，没有比这个更重要的事了。而主要的农作物，一岁收获一次，岁与年一样，也自然就引申有一年农事收成、年景之义。如“丰岁”、“歉岁”。《诗·鲁颂·有驳》:“自今以始，岁其有。”《左传·昭公三十二年》:“闵闵焉如农夫之望岁。”《左传·哀公十六年》:“国人望君，如望岁焉。”杜预注:“岁，年谷也。”《汉书·卜式传》:“往年西河岁恶，率齐人入粟。”

今天我们在使用年、岁二字时，有些差别，如说“过年”不说“过岁”；说“压岁钱”而不说“压年钱”等，恐怕更多的只是一种语言习惯而并没有实质性的区别。

〖 祭天“祀”祖 〗

自从有了神的观念，祭祀也就随之而产生。

祭祀，是向神灵先祖祈福消灾的仪式，是华夏礼典中的重要一部分。古代有所谓的“五礼”之说。《周礼 · 春官 · 小宗伯》“掌五礼之禁令与其用等”郑玄注引郑司农云：“五礼，吉、凶、军、宾、嘉。”《隋书 · 礼仪志一》也说：“以吉礼敬鬼神，以凶礼哀邦国，以宾礼亲宾客，以军礼诛不虔，以嘉礼合姻好，谓之五礼。”这其中的“吉”礼就是祭祀，被列为“五礼”之首。为什么会被列为“五礼”之首呢？《礼记 · 祭统》是这样说的：“凡治人之道，莫急于礼；礼有五经，莫重于祭。”《左传 · 文公二年》也说：“祀，国之大事也。”又《成公十三年》说：“国之大事，在祀与戎。”“祀”就是祭祀，“戎”就是战争。只有祭祀与战争才能称得上国家大事，可见古人对于祭祀是何等的重视。《礼记 · 祭法》又说：“夫圣王之制祭祀也，法施于民则祀之，以死勤事则祀之，以劳定国则祀之，能御大菑则祀之，能捍大患则祀之。”“菑”即“灾”之异体。据《祭法》记载，圣王制定祭祀，连祭祀的对象都作出了具体的规定，足见祭祀之于古人又是何等的重要。

民国时期祭祀黄帝
引自《黄帝祭祀大典图志》第 10 页 陕西省公祭黄帝陵工作委员会办公室 编 中国文史出版社 2008 年 1 月第 1 版

然而，《尔雅 · 释天》又说：“夏曰岁，商曰祀，周曰年。”意思是说，在纪年用字方面，上古三代是不同的，夏朝称“岁”，商朝称“祀”，周朝称“年”。“祀”本为祭祀名，商朝又为什么称年为“祀”呢？对此，宋人邢昺在疏中引孙炎说：“(祀) 取四时祭祀一讫。”似乎依然没有说清楚。要回答这一问题，我们还是先从“祀”字的构形说起。

“祀”，甲骨文写作[illegible]、[illegible]、[illegible]，金文写作[illegible]、[illegible]、[illegible]，均从示从巳，[illegible]或[illegible]是“示”之省，构形上也有左示右巳或左巳右示之别。小篆写作[illegible]，与甲骨文、金文一致，只是将字的构形规范为左示右巳。就字形而论，我们可以看出，从甲骨文、金文到小篆，乃至今天所用的楷书，几千年的发展，“祀”字构形都是从示从巳，一脉相承，几乎没有什么大的变化。

“祀”字的本义为祭祀，这应该是没有疑义的，其构形从示本身就能说明这一点，不仅如此，汉字中凡与祭祀相关的字，也多从示构形，所谓“凡示之属皆从示”。《说文解字 · 示部》就说：“祀，祭无已也。从示，巳声。”

据《甲骨文字典》，甲骨文中“祀”字的字用，除用作人名、地名外，主要用作：一是祭祀。如，“祀于父乙一牛。”“辛巳卜亘贞祀岳皋来岁受年。”二是遍祭先公先王一周为祀。如，“在十月又一兹用惟王九祀。”“在八月隹王八祀。”所谓“遍祭先公先王一周为祀”，即宋人邢昺疏中引孙炎所说的“(祀)取四时祭祀一讫”之义，实即时间词“年”。所以，罗振玉《殷虚书契考释》也说：“《尔雅 · 释天》：‘商曰祀。’卜辞称祀者四，称司者三，曰‘惟王二祀’、‘惟王五祀’、曰‘其惟今九祀’、曰‘王廿祀’，曰‘王廿司’，是商称年曰祀，又曰司也……故孙炎释商之称祀，谓取四时祭祀一讫，其说殆得之矣。”

金文中，“祀”字的字用基本上延续了甲骨文的用法。张世超等编撰的《金文形义通解》就说，“祀”字的字用主要有三：一是动词，“祭也”。如，《天亡簋》：“王祀于天室降。”《盗壶》：“乡（饗）祀先王。”二是名词，祭祀。如，《中山王嚳壶》：“乏其先王之祭祀。”三是时间词，年也。如，《盂鼎》：“隹王廿又三祀。”

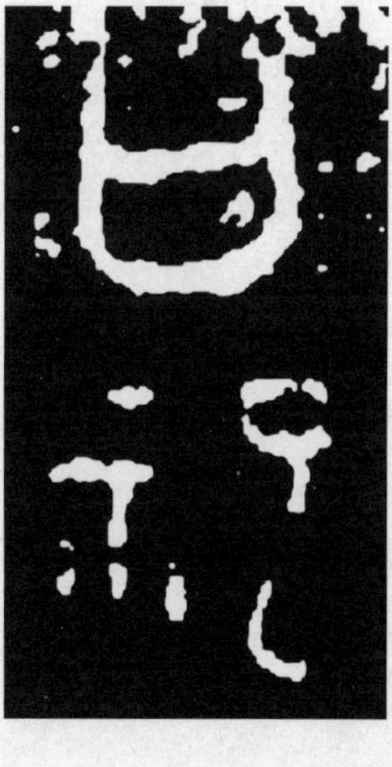

金文“廿祀”
选自《卜辞通纂》戊辰彝（局部） 第75页 郭沫若 著
科学出版社 1983年6月第1版

甲骨文、金文中“祀”字的用法，与《尔雅·释天》“商曰祀”、《说文》“祭无已也”的训释与说解完全吻合，足以证明《尔雅》、《说文》不误。只是，这其中的“祭无已也”又是如何与“商曰祀”相统一起来呢？这恐怕还得进一步讨论“祀”字的另一构件“巳”字，而这恰恰又是古文字学家关于“祀”字考识的分歧之所在。

甲骨文中，“祭祀”之“祀”，或不从“示”作（巳）。徐中舒先生的《甲骨文字典》就说：“卜辞以（子）为地支之巳，复以之省形为祭祀之祀。”由此可以推知，“巳”、“祀”二字实为一组古今字，“祀”字是在“巳”字的基础上增一形符“示”而产生的后起形声字，所以，《说文》“祀”字的字形分析是“从示，巳声”。那么，“祀”中的“巳”又作何解呢？古文字学家主要有以下几种不同的意见：

一种意见认为，“巳”为人跽跪之形。持此看法者为郭沫若先生，其认为，“‘祀’象人跪于生殖神象之前。”对此，张日昇先生认为：“人跽之形古文字皆作、，与巳之作不同。若果为跪形，则祝与祀何别。”

另一种意见认为“巳”即“蛇”。《说文·巳部》就说：“巳，巳也，四月阳气巳出，阴气巳藏，万物见，成文章，故巳为蛇。象形。”杨树达先生认同这一观点，并在《语源学论文七篇》中进一步申述，在作了详尽考证之后，说道：“综合诸证，先民之于蛇畏而神之，殆无疑义。愚疑古代必有祭蛇之俗，故文从示从巳，而后乃泛用为一般祭祀之称耳。”对此，张日昇先生有不同的看法，“《说文》巳下云：‘故巳为蛇。象形。’按金文它作，甲骨文作，与字下半部柔顺捲屈之形相肖，然蛇头成角形，虫字亦然，而人头作圆形（见金文）或方形（见契文），此其大别也。”

第三种意见认为“巳”即“子”。持这一意见的学者较多。首先，《说文·包部》就说：“包，象人裹妊，巳在中，象子未成形也。”清人段玉裁注：“勹，象裹其中，巳字象未成之子。”清人朱骏声《说文通训定声》也说：“巳，孺子为兒，襁褓为子，方生顺出为㐬，未生在腹为巳。”今人张日昇先生《金文诂林》卷一进一步申述其说：“巳为胎儿……，当无可疑。……祀从子或为子孙对其先祖妣所行之祭，有别于对山川鬼神之祭也，故殷人对先祖妣五种祭之一周亦谓一祀。”徐中舒先生的《甲骨文字典》作了更详尽的考释：“从示从，之初形当为，为祭祀时象征神主之小儿，亦即后世讹变之‘尸’字。古代祭礼‘祝迎尸’时为‘立尸’，即举尸于成人颈上，、字即举子（尸）于人颈表祭祀之义，乃最初之祀字。又讹变为、等形，或又省形，只用或代。后又为区别小儿之与祭祀之乃将之省形下画稍弯似人跽跪之形作，以专用为祭祀之字。”

综合张日昇、徐中舒二位先生的考证，我们就不难看出“祀”由“祭无已”至“年”（“商曰祀”）的引申路线：“祀”为子孙对其先祖妣所行之祭，这一祭礼本身或许就寓有“子子孙孙无穷尽也”之义，所以《说文》训释为“祭无已”，而这种祭礼之于商人又十分隆重，且遍祭先公先王每年只举行一次，犹如当今的清明祭祖，所以商人就把一年也叫做一祀。这又与“年”、“岁”二字分别由禾谷一年成熟一次、岁星每十二个月运行一次而引申为纪年用字是一致的。

作为“祭祀”用语，“祀”由对先祖妣的“祭无已”又引申特指祭祀天神。如，《周礼·地官·鼓人》：“以雷鼓鼓神祀。”贾公彦疏：“天神称祀，地祇称祭，宗庙称享。”又指祭祀地神。如唐人玄应《一切经音义》卷二十二引《尔雅》：“祠，祭也，天祭也。祀，地祭也。”

由祭祀天地神又引申为祭祀神的地方。如，《礼记·檀弓下》：“过墓则式，过祀则下。”孔颖达疏：“祀谓神位有屋树者。”

由时间词“年”之义又引申而有“世”、“代”之义。如，唐人柳宗元《与友人论文书》："固有文不传于后祀，声遂绝于天下者矣。"又《为裴中丞上裴相破东平状》："然则布政明堂，勒功东岳，光垂后祀，辉映前王。"

"祀"字另有一异体。《说文·示部》"祀"下就说："禩，祀或从異。"金文中，"禩"或写作"異"。如，《作册大鼎》："公来铸武王成王異鼎。""異"即"祀"之义，"異"或即"禩"之初文，后世写作"禩"。"如，《周礼·春官·大宗伯》："以血祭祭社稷五祀五岳。"郑玄注："故书祀作禩。"唐人李贺《相劝酒》："永垂奕禩，而使嗣叶昌茂。"

与"祀"字一样，"禩"亦可用于纪年。如，明人张居正《贺朱镇山重膺殊恩序》："公自登仕，迨今馀三十禩矣。"《金瓶梅词话》第七一回："朕今即位二十禩于兹矣。"清人叶廷琯《吹网录·三河县辽碑》："(《重修文宣王廟記》)洎乾统五禩，秋七月。宰君刘公当领是邑。"诸"禩"字均用同"祀"，年之义也。所以，黄侃先生《礼学略说》就说："《说文》祀、禩同字；杜子春读禩为祀，是不以为一字也。"

说到"祀"，自然还得说说"祭"。

在"祭祀"的意义上，祭与祀属同义词。今天的汉语中有"祭祀"一词，即属同义词连用，"祭"就是"祀"，"祀"亦即"祭"，二字已经没有了区别。

其实，在先秦时期，祭祀通常只是单称"祭"或"祀"，又或叫"享"、"荐"、"祠"等。这些名称有时浑言无区别，有时析言而有别。后来，习惯上将祭祀天神四望的称作"祀"，祭祀地祇山川的称作"祭"，祭祀先祖先妣的称作"享"，等等。如《周礼·大司乐》中就有"以祭以享以祀"，"以祀天神"，"以祭地祇"，"以祀四望"，"以祭山川"，"以享先妣"，"以享先祖"等语。其实，这种区分更多的也仅仅只是一种习惯而已。

大概汉代以后一直到今天，"祭"、"祀"就已不再有区别了，"祭祀"合而为一，只是作为祀神供祖的仪式。如，《史记·白起王翦列传》："死而非其罪，秦人怜之，乡邑皆祭祀焉。”汉人王充《论衡·解除》：“祭祀无鬼神，故通人不务焉。”唐人柳宗元《监祭使壁记》：“圣人之于祭祀，非必神之也，盖亦附之教也。”《红楼梦》第九十四回：“除了祭祀喜庆，无事叫他不用到这里来。”艾芜《都江堰的神话故事》：“李冰父子的庙宇，巍然建立在岷江岸边玉垒山上，享受人民的祭祀。”

也或写作“祀祭”。宋人曾巩《为人后议》：“夫考者，父殁之称。然施于礼者，有朝廷典册之文，有宗庙祀祭之辞而已。”“祀祭”即“祭祀”。

黄帝陵棂门

引自《黄帝祭祀大典图志》第 35 页　陕西省公祭黄帝陵工作委员会办公室　编　中国文史出版社 2008 年 1 月第 1 版

【“历”精图治】

上了年纪的读者朋友也许还会有印象，在过去的老电影中，表示时间飞逝的一个经典手法，就是借用日历一页一页地被迅速撕去来表现的。当时的电影之所以会选择日历作为道具，大概是因为在那个年代，日历是人们日常生活当中不可或缺，也是最为熟悉的东西。每天都需翻撕的日历，上面载有年、月、日、星期，有的还载有节气、伏、梅、九九等，内容非常丰富，使用起来也非常方便！

日历，简称为历，笼统地说是计量年、月、日的方法，是年、月、日的安排。而历法的“法”，即如语法之“法”，是指法则、规律。因此，历法是与时间紧密相连的。在远古的时候，人们“日出而作，日入而息”，还没有计算时间的概念，当然就谈不上历法了。后来，随着生产实践的发展和实际生活的需要，在观察了各种自然现象，如日、月、星辰的运动和变化，花草树木的繁茂与枯萎，以及寒来暑往、露霜雨雪等之后，经过长时间的经验积累，人们才逐渐地产生了年、月、日的初步概念。作为一种纪时系统，制历颁历的目的就在于授时，用来服务于人们的生产生活。

郭守敬

引自《中国古代天文历法》第 104 页 李东生 编著 北京科学技术出版社 2009 年 4 月

郭守敬进献《授时历》

引自《科学巨星郭守敬》第 101 页 胡考尚 刘秋果 雷焕芹 张家华 编著 气象出版社 2001 年 10 月第 1 版

中国自古就是以农业立国，农事与季节关系密切。因此，在中国古代，授时颁历一直是历代君王的要务。《尚书·尧典》记载，帝尧即位之后，第一政务就是制定历法，“乃命羲和，钦若昊天，历象日月星辰，敬授民时。”《史记·历书》也说，“王者易姓受命，必慎始初，改正朔，易服色，推本天元，顺承厥意。”从这个意义上说，颁历也就成为君权统治的象征，而臣民奉谁的正朔就表示接受谁的统治。

“历”是如此重要，那么，什么是“历”？“历”字的本形、本义又是什么？这一系列与“历”字有关的问题，读者朋友也许都想知道。我们还是先从“历”字的形音义说起吧。

"历"字对应的繁体有二，即"歷"与"曆"。"歷"通常用作"经历"、"经过"之义，而"曆"则常用作"历法"、"历书"之义。其实，追本溯源，繁体的"歷"或"曆"，其古字本来都写作"秝"。

"秝"字的出现很早，甲骨文写作、，构形从二禾。"秝"字未见于金文及战国时期文字。小篆写作，构形与甲骨文一致。《说文解字·秝部》说："秝，稀疏適也。从二禾。读若歷。"段玉裁注本作"稀疏適秝也"，并注："適秝，叠韵字也。《玉篇》曰：'稀疏厤厤然。'然凡言歷歷可数、歷录束文，皆当作秝。歷行而秝废矣。""適秝"，后世写作"適歷"，意思是说分布稀疏均匀。这里的"適"音dí。清人朱骏声《说文通训定声》就说："適秝者，均匀之皃(貌)。"《周礼·地官·遂师》"大丧，使帅其属以幄帟先，道野役；及窆，抱曆，共丘笼及蜃车之役"孙诒让《周礼正义》引惠士奇曰："曆当作秝。……適者，適均。《吕览·辨土篇》曰：'稼疏而不適'，谓分布不均。故二禾相比，稀疏乃適也。然则执绋者千人，分布于六綍，如禾稼有行，勿使疏密，正其行，齐其力，巡行校录，遂师执书数之，名曰抱秝。"

"秝"字的"稀疏適秝"，大概就是后世"行列相当，窝距均匀"的"窝种"。"秝"字所反映的殷代农业情况，应当是"区田"的"窝种"。《氾胜之书》所记的窝种之法，其要点是："令一亩之地，长十八丈，广四丈八尺，当横分十八丈作十五町，町间分为十四道以通人行。""尺直横凿町作沟，沟一尺，深亦一尺，积壤于沟间，相去亦一尺。""种禾黍于沟间，夹沟为两行，去沟边各二寸半，中央相去五寸，旁行亦相去五寸，一沟容四十四株。""凡区种麦，令相去二寸一行，一沟容五十二株。""凡区种大豆，令相去一尺二寸，一沟容九株。"这是记载汉代的"区种"规格，数字也不一定完全准确。但是，它反映了古代窝种的大致情况。很显然，殷代如果没有类似的"区种"方法，肯定就不会出现"稀疏適秝"的"秝"字。

“秝”，后世又或增“艸”写作“蕛”，意思是草木稀疏貌。《集韵·锡韵》：“蕛，艸木疏皃（貌）。”清人桂馥《说文解字义证》说：“秝，俗作蕛。”

甲骨文中，“秝”字构形又增一“止”符写作、，构形从止从秝，可隶作；或从止从林写作。古文字从秝构形者或从林，意思相同。构形又从止，表示人在有庄稼的地里行走，这大概就是所谓的“町间分为十四道以通人行”之意吧。

而金文则增一“厂”符写作，这是后世“厤”字所本；或又增一“止”符写作，这是后世“歷”字所本。金文中的“厤”、“歷”同字，且均为经历之义。《金文形义通解》说：“（歷）甲骨文作、从止秝声。金文从止厤声。或不从止，与‘厤’同字。”又说：“（厤）用为‘歷’，歷经。《毛公厝鼎》：‘厤自今，出入尃命于外。’‘厤自今’犹云‘自今以往。’”

小篆的“厤”写作、“歷”写作，《说文》误将二字分属两个部首，并作了不同的解释。《说文解字·止部》说：“歷，过也。从止，厤声。”又，《厂部》说：“厤，治也。从厂，秝声。”

其实，秝、、厤、歷古本一字，构形本来只从二禾。所以，吴其昌先生在其《殷虚书契解诂》书中说：“秝、、歷，实一字。繁消之异体也。殷栔文中或作，象禾黍分行成列之形，是行秝之本字也。是‘厤厤在目’、‘厤厤可数’之原意也。或增足形作，足遍及于禾黍成厤之地，是厤次也。足经行于禾黍成列之行间，是经历也。或从林作。”吴先生的考释有道理。

至于“历”的另一繁体“曆”字，其出现很晚，《说文》未收。今大徐本《说文》收有此字，乃徐铉新附之字。《说文新附·日部》：“曆，厤象也。从日，厤声。《史记》通用歷。”正因“曆象”用字“《史记》通用歷”，所以，《玉篇·日部》就说：“曆，象星辰，分节序四时之逆从也。本作歷。古文作厤。”清人郑珍《说文新附考》也说：“歷乃曆象本字，非通用也。《史记》而外，如《楚辞》‘歷吉日乎吾将行'，尚见古字。歷，《说文》训'过'。古之造歷者据当时实测，歷推而上之，得起算之元。乃顺数凡歷几何岁月，得积年，因定岁实；而此一岁之中，算日月凡歷几何躔次，得一年；凡历几何交转，得一月；凡歷几何度分，得一节候。节候既定，乃授民时。故授时，《书》即谓之'歷其数'，谓之'歷数'，其法谓之'歷法'也。太史公云'考定星歷'，盖日月之所歷，舍星无由推步也。"

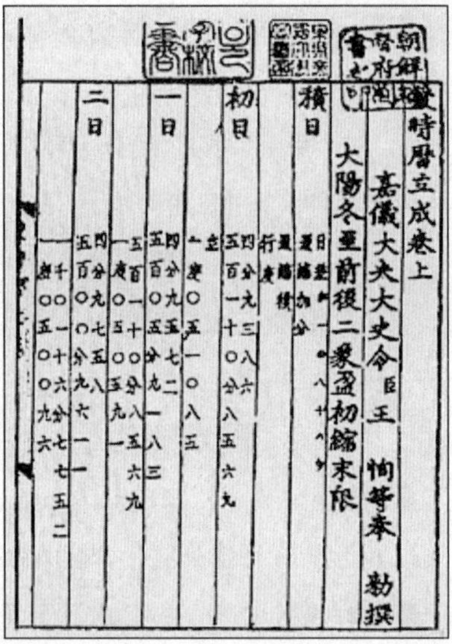
授時曆立成卷上
嘉議大夫太史令臣王恂等奉勅撰
大陽冬至前後二象盈初縮末限
積日
初日
一日
二日

《授时历》书影

引自《日者观天录〈二十四史〉中的天象与历法（白话典藏图版）》第 332 页　韩云波　郝敬　张莉译著　重庆出版社 2008 年 3 月第 1 版

然而，根据陈定民先生的考证，"历法"、"历象"之"曆"，"系由厤字之讹变。甘与日两字在金文及小篆里，形体非常近似。""后人即讹为曆字，以为歷法、歷象之本字矣。"陈先生的考证很有道理。"厤"，《说文》写作"磿"，并说："磿，和也。从甘，从厤。厤，调也。甘亦声。读若函。"清人段玉裁则径改"磿"为"厤"，并于"厤，调也"下注云："说从厤之意。《厂部》曰厤，治也。

《秝部》曰：稀疏適也。稀疏適者，调和之意。《周礼》：凡和，春多酸，夏多苦，秋多辛，冬多咸，调以滑甘。此从甘厤之义也。各本及《篇》、《韵》、《集韵》、《类篇》字体皆讹（作𤯍），今正。”清人王筠《说文释例》也认为“𤯍”为“𤯍”字之讹。

综观各家之说，所谓的讹，就是“𤯍”字构形所从的“麻”，原本作“厤”。所以，南唐徐锴《说文解字系传》作“𤯍，和也。麻，调也。从甘麻，甘亦聲”，并说：“麻，音歷，稀疏匀调也，会意。”据此，我们可知，“曆”即“𤯍”字的讹变体，其讹变轨迹是：𤯍→𤯍→曆。

“秝”字构形从二禾，又增一止符作歴，表示人在有庄稼的地里行走。而禾的生长是受日月星辰运行的天象支配，即受日月运行所确定的季节的支配，“秝（厤）”字自然就与天象紧密相连，词义又引申为日月运行，及日月运行所确定的季节、时令等时间计量。

日月运行是有规律的，也是需要调治的，要均匀地调治，使日月运行的时日彼此协调。而“秝”就是均匀地调治天象所显示的年、月、日、时等计量时间单位的手段。这种计量时间的手段，古书也叫做“推步”。所谓“推步”，就是推算天象历法。古人认为日月转运于天，犹如人之行步，可推算而知。《后汉书·冯绲传》：“绲弟允，清白有孝行，能理《尚书》，善推步之术。”李贤注：“推步谓究日月五星之度，昏旦节气之差。”晋人葛洪《抱朴子·塞难》说：“意不为推步之苦，心不为艺文之役。”《淮南子·本经训》：“星月之行，可以曆推得也。”高诱注：“曆，術也。”

所以，《说文》以“稀疏適秝也”释“秝”；又以“治也”释“厤”，“治”即治理、调治之义；又以“和也”释“𤯍（𤯍）”，“和”即调和之义；又以“过也”释“歷”，又以“厤象”释“曆”，等等，种种看似不同的释义，实际上皆源自“秝”字。后世文献中，“秝”字亦用同“曆”，可以为证。如，清人冯桂芬《采西学议》:“由是而秝算之术,而格致之理,而制器尚象之法,兼综条贯。”《清史稿 · 魏僖传》:“(邱维屏) 晚为秝数、《易》学及泰西算法。”

由上梳理可以看出,自古至今,“历”字的异体字曾经很多,济济一堂,甚是热闹。现如今,“歴”也好,“曆”也罢,诸多字体统一简化,只写作了一个“历”。可谓是,热闹之后归于平静。简单倒是简单了,只是这其中的韵味则少了许多。这是因为,严格说起来,“历”只能算是一个后起的形声字,文字构形可以分析为从厂、力声。依照传统的文字学理论,形声字的形符表示该形声字的意义类属或字义范围。“厂”字本义为山崖边较浅的岩穴。《说文解字 · 厂部》说:“厂,山石之厓岩,人可居。”“歴”、“曆”诸字的文字构形中虽然含有“厂”,但其核心构件是秝或厤而非单独的“厂,其文字意义也与“厂”没有关系。如此说来,“历”就只能说是一个“纯粹”意义上的记音字了,“歴”、“曆”诸字所承载的诸多文化信息也因“历”字只记音而无法从字形中看出些许“蛛丝马迹”了。

〖光“阴”似箭〗

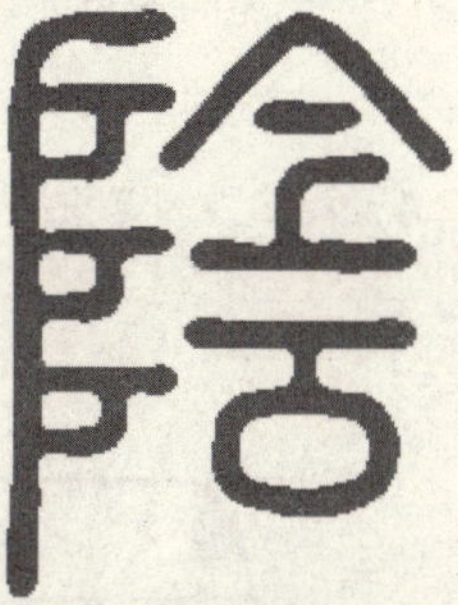

追本溯源，古人阴阳观念的出现，最早应当是源自季节的变化。在古人看来，季节的气候变化是由于阴阳二气的作用。《庄子·则阳》就说过：“天地者，形之大者也；阴阳者，气之大者也。”阴阳二气的相互作用、交替变化，非常直观地反映在一年四季的更迭上。夏季的炎热，属于纯阳。冬季的寒冷，属于纯阴。而阳气与阴气互为消长：春季阳气增长，阴气衰弱，当阳气达到极盛时就是夏至，由此发生逆转，阴气渐升，阳气下降，当阴气达到极盛时就是冬至，此时再次发生逆转，阳气上升，阴气下降，就完成了一个周期的交替变化。所以，《周易·系辞上》就说：“一阴一阳之谓道”，“阴阳之义配日月”。《春秋繁露·阴阳终始》也说：“天之道，终而复始。”这其中的阴阳变化说的就是季节的循环。《管子·乘马》中的“春秋冬夏，阴阳之推移也”，说得就更为明白了。

“阴”的繁体写作“陰”。“陰”字的出现较晚，未见于甲骨文而见于金文，应该在殷商之后。“陰”字金文作□、□、□等形，构形从阜从今，或从阜从全，或从水从今从酉。张世超等编撰的《金文形义通解》说：“金文与小篆形声同，战国字符作全，盖从‘土’‘今’声字之形变。《永盂》字作‘澮’，从水，乃水南之专字，‘酓’，犹《敔簋》字作‘□’，亦从‘酓’声也。”金文中的“陰”或写作“澮”，这与后世文字中的“澮”非一字而属同形字。后世的“澮”是“淦”的异体字，《集韵·覃韵》就说：“淦，或作澮。”而“淦”字的意思是水与泥、物相掺和，与“陰”字无音义关系。《玉篇·水部》说：“淦，水和泥。”《广韵·勘韵》说：“淦，水和物。”

古太极图

玄妙精深的中国道教，用阴阳交互与融合来解释整个世界的完美与和谐。引自《道教图文百科1000问》 第5页 李绿野 编著 陕西师范大学出版社 2008年2月第1版

“陰”字小篆作，与金文略有差异，小篆“陰”字右下“云”的出现大约始于战国晚期，睡虎地秦简作、，与小篆作一致，而与金文稍异，均属秦系文字。《说文解字 · 阜部》说：“陰，闇也。水之南，山之北也。从阜，侌声。”许慎“陰”的字义训释有二：一是“闇也”，即幽暗、昏暗之义。段玉裁注：“闇者，闭门也，闭门则为幽暗，故以为高明之反。”二是“水之南山之北也”，意即水的南面或山的北面，也就是背阳之处。背阳之处即昏暗，二义相通。

据《金文形义通解》，金文中的“陰”字，除用作地名或地名用字外，其字义即为“山之北，水之南”，与《说文》的训释一致。如，《異伯盨》：“其陰其阳，𠂤征𠂤行。”《敬事天王鐘》：“江漢（汉）之陰阳。”戴家祥先生《金文大字典》也说：“金文作，从阜今声，侌亦由今得声。《異伯子盨》‘其其阳’，从辞例看，亦当陰字。山之南，水之北，阳光照射之地，称阳；山之北，水之南，阳光向背之地，称陰。《周礼 · 大司乐》‘陰竹之管’注：‘陰竹生于山北者’，《公羊传 · 桓公十六年》‘越在岱陰齐’、《齐策》‘及之睪黍，梁父之陰’注皆云‘山北曰陰’。许氏所释可从。”

其实，严格说起来，“陰”的古字应当写作“侌”，而“陰”是在“侌”字的基础上增一形符“阜”而后起的形声字。从这个意义上说，“侌”、“陰”乃一组古今字，“侌”为古字而“陰”为今字。

“侌”字始见于战国文字，写作，从云，今声。何琳仪先生《战国古文字典》说：“侌，从云，今声。霒之省文。《说文》：‘霒，雲覆日也。从雲，今声。侌，古文或省。㑗，亦古文霒。’或陰之省文。《玉篇》：‘侌，古文陰。’”

在《说文解字》中，“侌”是作为“霒”的古文而收入的。“霒”字始见于《说文》，较“侌”字晚出。《说文解字 · 雲部》：“霒，雲覆日也。从雲，今声。侌，古文或省。㑗，亦古文霒。”“云”即“雲”之古文，所以，段玉裁注说：“古文‘雲’本无雨耳，非省也。”“霒”，后世又或写作“黔”。《玉篇 · 雲部》说：“黔，今作陰。侌，古文。”《篇海类编 · 天文类 · 雲部》：“黔，与霒同。”《素问 · 五常政大论》：“其主骤注，雷霆震惊，沈黔淫雨。”

云（雲）遮日则幽暗，所以“侌”（霒）字引申而有阴蔽、昏暗等义。清人徐灏《说文解字注笺》就说：“雲翳日而侌也。引申之凡日光所不到者皆为侌。”“陰”字的“水之南山之北”，因其背阳而实也即“侌”（霒），这一意义应当是“雲覆日也”的引申义，后增一形符“阜”以示区别，即所谓“凡阜之属皆从阜”之类。词义由具体向抽象引申，文字也相应地发生了变化。后世经典文献中，“陰”则取代“侌”（霒）而成了通用字。所以，段玉裁注说：“霒，今人陰阳字。”又于“昜”字下注：“此陰阳正字也。陰阳行而侌昜废矣。”《大戴礼记 · 文王官人》“五曰生民有霒阳”孔广森《补注》也说：“《说文》霒，正陰字。”高翔麟《字通》：“（霒）今通作‘陰’。”

黑云压城城欲摧
作者摄于2011年12月

阴云蔽日，给人的感觉是异样的。或许是受“云遮日”这一意义的影响，印象当中的“陰”字，似乎不大会带给人们以美感，相反，还常常给人以不愉悦的感觉，诸如“阴暗”、“阴毒”、“阴魂”、“阴冷”、“阴霾”、“阴谋”、“阴险”、“阴森”等。与此类似，古文献中，“陰”字的词义引申，除有“水的南面或山的北面”、“不见阳光的地方”、“日影”、“阴影”、“特指月亮”、“古代哲学认为宇宙中通贯物质和人事的两大对立面之一”等义外，也的确引申出了一些会让人心生不悦的词义。首先，由“云遮日”之义引申而有幽暗、昏暗之义。如，《楚辞·九歌·大司命》：“壹陰兮壹阳，众莫知兮余所为。”王逸注：“陰，晦也。”《后汉书·周磐传》：“吾日者梦见先师东里先生，与我讲学于陰堂之奥。”李贤注：“陰堂，幽暗之室。”宋王安石《〈易〉泛论》：“贪暴而止乎高者，隼也；贪窃而动乎陰者，鼠也。”今有“陰暗”之语，字也写作“陰闇”，即黑暗、昏暗之义。

又引申而有潮湿、润泽之义。如，《吕氏春秋·辨土》：“下得陰，上得阳，然后咸生。”高诱注：“陰，湿也。”又《任地》：“子能藏其恶而揖之以陰乎？”高诱注：“陰犹润泽也。”唐皮日休《新秋言怀寄鲁望三十韵》：“老柏潭如疥，陰苔忽如胶。”明刘基《若邪溪精舍》：“春花炫阳林，秋草馥陰畎。”今有“陰湿”之语，即阴暗潮湿之义。

又引申而指寒冷或秋冬。如，《管子·宙合》：“夏处陰，冬处阳。”清人王引之《经义述闻·春秋名字解诂下》说：“‘夏处陰，冬处阳’，谓夏就寒，冬就温也。”《孔子家语·本命解》：“群生闭藏乎陰，而为化育之始。”王肃注：“陰为冬也。”《文选·张衡〈西京赋〉》：“夫人在阳时则舒，在陰时则惨，此牵乎天者也。”李善注引薛综曰：“陰谓秋冬。”今有“陰冷”之语，即阴暗而清冷或凄清冷寂之义。

又引申为潜藏在内的。如，《左传·僖公十五年》：“乱气狡愤，陰血周作。”孔颖达疏：“外为阳，内为陰，血在肤内，故称陰血。”唐白居易《钱塘湖石记》：“其郭中六井，李泌相公典郡日所作，甚利于人，与湖相通，中有陰窦，往往堙塞，亦宜察而通理之。”《徐霞客游记·粤西游日记二》：“崖之右又有一小水，南自支洞出，是为陰洞。”今有“陰河”、“陰沟”之语，即为暗河、暗沟之义。

又引申为秘密的。如，《周礼·天官·内小臣》：“掌王之陰事、陰令。”郑玄注：“陰事，群妃御见之事。……陰令，王所求为于北宫。”孔颖达疏：“王于北宫求为谓若缝人女御为王裁缝衣裳及丝枲织纴之等。”《韩非子·孤愤》：“智术之士，明察听用，且烛重人之陰情。”《汉书·周仁传》：“仁为人陰重不泄。”颜师古注：“陰，密也。”又暗地。《战国策·秦策二》：“张仪反秦，使人使齐，齐、秦之交陰合。”《三国志·魏志·吕布传》：“(董)卓尝小失意，拔手戟掷布，布拳捷避之，为卓颜谢，卓意亦解。由是陰怨卓。”宋陈亮《廷对》：“若使以皇极为名，而取其偷惰者而用之，以陰消天下之贤者，则风俗日以偷，而天下之事去矣。”今有“陰谋”之语，即秘计、诡计之义。

又引申而指冥冥之中，常借指鬼神。如，北齐颜之推《颜氏家训·归心》说：“如此之人，陰纪其过，鬼夺其算，慎不可与为邻，何况交结乎。”宋代无名氏《王榭传》：“女曰：‘事由陰数，不由人也。’”清人严有禧《漱华随笔·朱良吉》：“良吉心痛，就榻不可起，隣里为裒财，命道士醮告神明，祈陰佑之。”今有“陰冥”、“陰间”之语，即阴间，冥中之义。

又引申指小人或人格卑鄙的人。如，汉人扬雄《太玄·进》：“曰飞悬陰，万物融融。”范望注：“陰，小人也。”《明史·刘宗周传》：“刘孔昭以功赏不均，发愤冢臣，朝端哗然聚讼，而群陰且翩翩起矣。”“群陰”即众多小人。今有“陰人”之语，即指阴险的人。

在文字使用过程中，古人或许也感受到了“陰”字的“内丑”，为了弥补，所以，又为“陰”字造了许多颇能让人心生美感的异体字。例如，“阴”，《字汇补·阜部》说：“阴，与陰同。”构形从阜从月，“阜”已没有任何意义，只是一种习惯的沿用，而“月”则能给人以美的享受。今天则作为“陰”的简化字。“陰”字的其他异体，如：“汿”，以水、月为象；“氠”，以气、月为象；“皀”，以白、云为象;"㲻",以阜、水为象;"𨻶",以阜、朤(三个月)为象,等等。诸字的构形取象均颇值玩味。

虽然如此,现如今,说到"阴"字,隐约间总能让人联想起"阴柔之美",尤其是西学东渐后,西方美学的引入,"阴"字的内涵也似乎得到了进一步的拓展,但凡一切优美的都可归入"阴柔"之美的行列,诸如清新、秀丽、精致、轻盈、娇小、柔和、淡雅、流利、飘逸、光滑、圆润、微妙等。清人姚鼐先生的《复鲁絜非书》中有一段文字对阴柔之美就作了非常形象的描绘,其语云:"其得于阴与柔之美者,则其文如升初日,如清风,如云,如霞,如烟,如幽林曲涧,如沦,如漾,如珠玉之辉,如鸿鹄之鸣而入廖廓。其于人也,漻乎其如叹,邈乎其如有思,暖乎其如喜,愀乎其如悲。"其实,所有的这一切,我们又何尝不能从文字的构形中去品味古人关于"阴柔"之美的感受呢?"陰"及其异体作"侌"、"会"、"衾"、"肎"、"枂"、"阴"、"霒"、"㲻"、"阴"、"除"、"隋"、"𨻶"者,无不以"云"、以"水"、以"月"为象,在这里,"阴阳"之"阴"只是作为一个概念存于其间,而得以尽情展现的却是古人关于"阴柔之美"的真切感受。

〖朝“阳”鸣凤〗

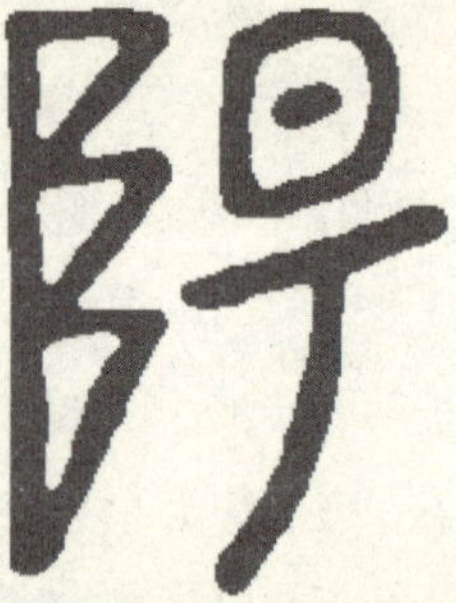

阴阳相对，有“阴”就必有“阳”。这种相对，又何止于季节的气候变化。由此，中国古人抽象而得出：宇宙间的万事万物皆由阴阳二气组成。《老子》就说：“万物负阴而抱阳，冲气以为和。”《易传·系辞上》也说：“一阴一阳之谓道。”而《礼记·郊特牲》则说得更为直接明白：“阴阳和而万物得。”素有中国古籍“六经之首”称号的《周易》，其赖以建立的基础就是阴阳，并且利用阳爻与阴爻组成八卦以演绎包括人世间在内的万事万物。

既然阴阳相对，在上一篇，我们说了“阴”字，在这里，自然就得再说说“阳”字。

“阳”字的繁体写作“陽”。“陽”字的出现很早，甲骨文写作，金文写作等形，从阜，昜声，这是基本构形。字形又或累增“土”旁，但无实际意义。张世超等编撰的《金文形义通解》就说：“金文与小篆形声同。《陽飤生匜》字从重‘土’，……李学勤曰：‘铭中“陽”字从“土”，和“陈”字有时从“土”是一样的。’‘陽’或不从阜，古与‘昜’同字。”戴家祥先生《金文大字典》则说：“墭，即陽之繁构。金文用作地名，往往加土旁，如陵之作，陈之作等，盖强调该字的特定用法。”战国时期，“陽”字的构形则因各国间的使用不同而稍异，或从土，或不从土。所以，何琳仪先生《战国古文字典》就说：“(陽)齐系文字或加土、加山繁化（阜与土、山义近可通）。楚系文字均加土繁化。战国文字地名后之‘陽’，均地名后缀。或省作昜。”

小篆写作陽，与睡虎地出土秦简作陽、陽一致，均属秦系文字，基本沿袭了甲骨文、金文的写法而稍有差异，已不再从“土”作。《说文解字·阜部》说：“陽，高明也。从阜，昜声。”

据《金文形义通解》，金文中的“陽”字，除用为地名、假借为“揚”“場”外，即用作山之南水之北。如，《虢季子白盘》：“于洛之陽。”《㠱伯盨》：“其阴其陽，㠯征㠯行。”戴家祥先生《金文大字典》说：“《释名》：‘随日所照而名之也。’山南、水北（水之北涯）均日光照射之处，故称陽。从阜，盖指地理位置。虢季子白盘‘于洛之陽’，即指洛水之北地。”金文中“陽”字的用法与传世古文献相同而与《说文》的“高明”之训释稍异。《玉篇·阜部》说：“陽，山南水北也。”《诗·大雅·大明》：“在洽之陽，在渭之涘。”孔颖达疏：“水北曰陽。”汉张衡《南都赋》：“陪京之南，居汉之陽。”唐刘禹锡《送张苕》：“雨起巫山陽，鸟鸣湘水滨。”

其实，严格说来，“陽”的古字应当写作“昜”，而“陽”是在“昜”字的基础上增一形符“阜”而后起的形声字。从这个意义上说，“昜”、“陽”乃一组古今字，“昜”为古字而“陽”为今字。《说文解字·勿部》说：“昜，开也。从日、一、勿。一曰飞扬，一曰长也，一曰彊者众皃（貌）。”许慎的字形分析不正确。《汉书·地理志》“（交趾郡）曲昜”唐颜师古注：“昜，古陽字。”段玉裁《说文解字注》就说：“此陰陽正字也。陰陽行而侌昜废矣。”

彩陶上的太阳纹

引自《中国古代天文历法》第2页 李东生 编著 北京科学技术出版社 2009年4月

“昜”字的出现很早，甲骨文写作、，金文写作、，构形从日从丁，像太阳初升之形；金文或增一彡符，或与太阳光照射光线有关。徐中舒先生《甲骨文字典》就说：“金文更增彡而为，彡殆象初日之光线。”关于“昜”字的形、义，张世超等编撰的《金文形义通解》则分析得非常到位，其语云：“甲骨文‘昜’字（即‘陽’之初文）作、等形，疑其本象太阳渐次升高之形。表日始出之‘旦’字甲骨文作、等形，金文作、等形，象日始出而尚未离地之形，‘昜’斯升高之形矣。‘昜’声有高义，《说文》：‘陽，高明也。’又‘颺，风所飞扬也。’《小尔雅 · 广言》：‘楊，举也。’”

金文中的“昜”字的用法，除用作姓氏、人名外，即用同“陽”，且与传世文献中“陽”字用法相同。如，《蚉壶》：“胤嗣妾蚉，敢明昜（陽）告。”张政烺先生《中山国胤嗣妾蚉壶释文》说：“敢明陽告即敢昭告。”“昜”即“明也”、“昭也”之义，与《说文》“陽”字释义“高明也”相同。《楚辞 · 九歌 · 大司命》：“壹阴兮壹陽，众莫知兮余所为。”王逸注：“陽，明也。”又，《永盂》：“昜（赐）畀师永氒田湆（陰）昜（陽）洛。”“陰陽洛”，即指洛河南北两岸之土地而言。《诗经·大雅·大明》:“在洽之陽。”孔颖达疏:“水北曰陽。”

“昜”字本来就从日构形，后世又累增一“日”符，写作“暘”。《说文解字·日部》说:“暘，日出也。从日，昜声。《虞书》曰:‘日出暘谷。’”清人朱骏声《说文通训定声》就说:“暘，实昜字之别体。”朱说可从。许慎《说文解字》将“昜”、“暘”二字分别隶属勿部与日部，显然不确。日出则明，所以，“暘”引申有明义。《尚书·尧典》“曰暘谷”孔安国传:“暘，明也。”《文选·江淹〈恨赋〉》“入脩夜之不暘”李善注引《尚书》传曰:“暘，明也。”《广雅·释诂四》“暘，明也”王念孙疏证:“《尧典》:曰暘谷。字或与陽通。”

“昜”字的本义为太阳初升，这基本上没什么疑义，只是“昜”字的文字构形及金文中“昜”字构形所增的彡形，或有不同意见。何琳仪先生《战国古文字典》认为“昜”字构形所从的“丅”为“示”，金文中所增的“彡”为“肜”之初文，其语云:“甲骨文作，从日，从示，会日出祭坛上方之意，示亦声。昜、示均属定纽，昜为示之准声首。暘之初文。……又《礼记·祭义》‘殷人祭其陽’，注‘陽读曰雨而暘之暘，谓日中时也。’亦可证昜与祭祀太陽有关，故从示。或作、，其示旁作弧笔，遂不似示。西周金文作，或加饰笔作、、。或说、为肜之初文，表示祭祀。”何先生的说法不无道理。

“肜”是商代祭祀的名称，指祭祀之后第二天又进行的祭祀。《尔雅·释天》:“绎，又祭也。周曰绎，商曰肜。”邢昺疏引孙炎云:“肜日，相寻不绝之意也。”《书·高宗肜日序》:“祀巳训诸王，作《高宗肜日》。”孔颖达疏:“祭之明日皆为肜祭。”《竹书纪年》卷上:“二十九年，肜祭太庙，有雉来。”

“昜”字构形中的“丅”、“彡”，究竟为何物，这或许还可再作讨论，但已无碍字义的考定。

后起形声字“陽”、“暘”出现后，就全部承担“昜”字原先的“职责”而通行了起来，而“昜”字，在后世的文献中就已不再使用而只是作为古文字资料保存于辞书之中。

阳光普照，给人的感觉是温暖而祥和的。或许是受这一自然现象的影响，"陽"字以及由"陽"字构成的词语，多数都会让人心生愉悦，带给人们以美感，诸如"陽光"、"陽明"、"陽和"、"陽春"、"陽风"、"陽刚"、"陽气"、"陽健"、"陽彩"、"陽陽"、"陽煦"、"陽晖"、"陽台"、"陽曦"、"陽艳"等。古文献中，"陽"字的词义发展，也由此引申出许多与之相关的词义来。太阳初升之后即能为肉眼所见，所以"陽"字就有"日"、"太阳"之义。如，《诗·小雅·湛露》："湛湛露斯，匪陽不晞。"毛传："陽，日也。"《吕氏春秋·辩土》："故晦欲广以平，甽欲小以深，下得阴，上得陽，然后咸生。"高诱注："陽，日也。"

太阳初升之后则明，所以，金文及后世古文献中，"陽"字引申有"明"、"昭"、"鲜明"等义。《说文》"陽，高明也"之训释显然是"陽"的引申义而非本义。如，《史记·司马相如列传》："正陽显见，觉寤黎烝。"司马贞《史记索隐》引文颖曰："陽，明也。"

山的南面或水的北面，都是日光照射之处，所以"陽"又引申为山的南面或水的北面。《周礼·秋官·柞氏》："夏日至，令刊陽木而火之。"贾公彦疏引《尔雅》："山南曰陽。"《玉篇·阜部》："陽，山南水北也。"《诗·大雅·大明》："在洽之陽，在渭之涘。"孔颖达疏："水北曰陽。"

由阳光普照又引申为向阳的部分。如，《周礼·考工记·轮人》："凡斩毂之道，必矩其阴陽。陽也者，稹理而坚之。阴也者，疏理而柔。"贾公彦疏："向日为陽。"《齐民要术·栽树》："凡栽一切树木，欲记其阴陽，不令转易。"唐杜甫《秦州杂诗》："瘦地翻宜粟，陽坡可种瓜。"

太阳初升之后，阳光下一切都显露了出来，所以又引申而有显露、外露之义。如，《庄子·达生》："无入而藏，无出而陽。"成玄英疏："陽，显也。"《大戴礼记·文王官人》："考其阴陽，以观其诚；覆其微方，以观其信。"卢辩注："阴陽，犹隐显也。"

阴阳割昏晓（八达岭长城）
作者摄于2013年7月

太阳出给人以温暖，所以又引申而有温暖之义。如，《诗 · 豳风 · 七月》："春日载陽，有鸣仓庚。"郑玄注："陽，温也。"《管子 · 宙合》："夏处阴，冬处陽。"清王引之《经义述闻 · 春秋名字解诂下》："'夏处阴，冬处陽'，谓夏就寒，冬就温也。"

在后世的文字使用过程中，古人也为"陽"字造了许多异体。然而，非常有意思的是，当我们比较"陰""陽"二字的异体时，会发现一个很有趣的现象：古人"陰陽"相对之观念，不仅反映在对世间万事万物的认识上，而且还具体体现在文字构形之中。如，"陰"的古字作"侌"，构形以云为象，"陽"的古字作"昜"，构形以日为象；"陰"有异体作"除"，"陽"则有异体作"険"，《字汇补 · 阜部》："除，与陰同。""険，与陽同。""陰"有异体作"阴"，构形从月，"陽"则有异体作"阳"，构形从日，《字汇补 · 阜部》说："《道藏》有阳字，与陽同。""陰"有异体作"阥"，以阜、水为象，"陽"则有异体作"队"，以阜、火为象，《篇海类编 · 地理类 · 阜部》："队，俗陽字。"清阮元《畴人传 · 周琮》："阥队进退于此，取仪刑焉。""陰"有异体作"隬"，以阜、朤（三个月）为象，"陽"则有异体作"隠"，以阜、晶（三个日）为象，《改併四声篇海 · 阜部》引《馀文》："隠，与陽同。""陰"有异体作"氜"，以气、月为象，"陽"则有异体作

“氜”，以气、日为象，《正字通 · 气部》：“氜，俗陽字。”清顾炎武《天下都国利病书 · 浙江四 · 分野》：“天下山河之象存乎尔界，而以星辰河汉别其氤氜升降，配以古今舆地，是曰分野。”“陰”有异体作“霒”，以雨、云为象，“陽”则有异体作“霷”，以雨、日为象，《玉篇 · 雨部》：“霷，古文。”《集韵 · 陽韵》：“霷，十月为霷。通作陽。”等等，似乎每一组异体字之间都在尽情地展现阴阳对立之观念。

米黻之印（阴文） **米黻之印（阳文）**

均引自《中国篆刻艺术技法》第 83 页 崔健主编 中州古籍出版社 2011 年 3 月第 1 版

通常来说，说到“阳”字，人们首先会想到阳光，因为阳光带给人类以光明与幸福。想到阳光，自然又会联想到阳刚之美。说到阳刚之美，清人姚鼐《复鲁絜非书》中也有一段非常精彩的形象描绘，其语云：“其得于阳与刚之美者，则其文如霆，如电，如长风之出谷，如崇山峻崖，如决大川，如奔骐骥；其光也，如杲日，如火，如金镠铁；其于人也，如凭高视远，如君而朝万众，如鼓万勇士而战之。”其实，又何止阳刚才美。长期以来，中国传统文化中的主导思想是“尊阳卑阴”，汉人董仲舒的《春秋繁露》就有《阳尊阴卑》篇，对所谓的“阳尊阴卑”作了明确的界定。受其影响，相比起“阴”字来说，古人们似乎更青睐的是“阳”字，唯“阳”为美。这只需看看地名当中带“阴”字者少而带“阳”者多就可明白。

当然，更多的情况下，阴阳之相对只是现实情形之写照而无所谓尊与卑。如，俗称的日头为太阳，与之相应的是称月亮为太阴；受日照则温暖，背日照则冷，今称阴冷；受日照则明亮，背日照则暗，今称阴暗。引申之，明显的称阳，潜藏的称阴；表面的称阳，暗地的称阴；公开的称阳，隐秘的称阴；正面称阳，背面称阴，凸出称阳，凹陷称阴；男性生殖器为阳，女性生殖器为阴；雄性为阳，雌性为阴；白昼为阳，黑夜为阴；地面的为阳，地下的为阴；上扬的称阳，下降的称阴，等等。这个时候的阴、阳二字，其义域已经非常宽广，涉及社会生活的方方面面，且已无所谓尊与卑了。

【四“季”如春】

人们通常都把地球比作一只巨大的陀螺，不断地绕自转轴旋转。随着地球的自转，地面上便出现了昼夜交替的现象：朝向太阳的一面是白天，背对太阳的一面则是黑夜。除了自转，地球还绕着太阳公转，公转的轨道是一个椭圆。地球自转时，自转轴总是指向同一方向（北极星方向）。换句话说，地球绕太阳公转的姿势是侧着身子的，因此，南、北半球所接收的太阳热量就发生周期性的变化，形成了寒来暑往、四季交替。

在商代和西周的前期，一年只分春季与秋季，所以后来人称“春秋”，就意味着一年。《诗 · 鲁颂 · 闷宫》：“春秋匪解，享祀不忒。”对此，汉人郑玄的解释：“春秋犹言四时也。”所谓“四时”就是四季。古代史官称“春秋”，也是因为“史之所记，必表年以首事”（晋杜预《〈春秋经传集解〉序》），所以，《春秋序》孔颖达疏：“旧说春秋犹言四时也。错举春秋以包春夏秋冬四时。”

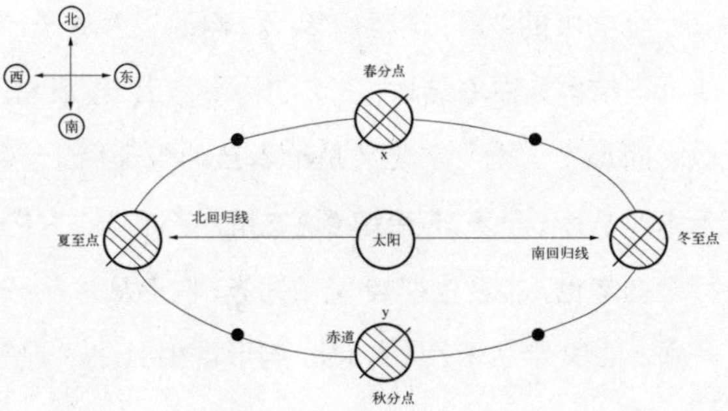

四节气与太阳的关系图
引自《二十四节气全知道》第3页 季琪 编著 中国纺织出版社 2012年5月第1版

西周以后加上冬、夏以纪四时，并且顺序也不是今天的“春、夏、秋、冬”而是“春、秋、冬、夏”。《墨子·天志》：“制为四时春秋冬夏以纪纲之。”“天有四时，春秋冬夏。”

作为季度、季节的用语，古人是用“时”而不像今天用的是“季”。《说文解字·日部》：“时，四时也。”《玉篇·日部》：“时，春夏秋冬四时也。”“四时”即“四季”。《尚书·尧典》：“乃命羲和，钦若昊天，厤象日月星辰，敬授人时。”王充《论衡·谏时》：“积日为月，积月为时，积时为岁。”顾炎武《日知录》卷一：“是故天有四时，春秋冬夏，风雨霜露，无非教也。”诸“时”字均为季度、季节之义。

以“季”为季度、季节用语是比较晚的事，大概是汉代以后的事。东汉桓谭《新论》：“五声各从其方，春角、夏徵、秋商、冬羽，宫居中央而兼四季。”“季”字之义与今天所用相同，即所谓一年分春夏秋冬四季、三个月为一季之季。

“季”字出现很早，甲骨文中就有，写作、，构形从禾从子，在甲骨文中用作人名。王国维在《殷卜辞所见先公先王考》中说季即“殷之先公冥，乃王亥之父”。

金文中的“季”字写作、，构形从禾从子，与甲骨文相同。或写作，变上下结构为左右结构（古文字构形常上下、左右不分），这与后世的“秄”字似为同形字。“秄”字之义是给禾苗的根部培土。《说文解字·禾部》：“秄，壅禾本。从禾，子声。”徐锴《说文解字系传》：“古文言耘秄是也，以土壅根也。秄之言字也，养之也。”字又或写，构形从木从子，与后世“李”字相同而非一字。古文字从禾、从木（林）构形常相混讹，“歷”字构形本从秝而讹作从林写作，可为证。张世超等《金文形义通解》云：“（季）甲骨文……从禾从子。周金文承其形，晚周金文所从‘禾’或讹为‘木’，《乐书缶》字为左右结构。”据《金文形义通解》，金文中的“季”字字用主要有三：一是行弟（第）之末也。二是人名。三是“季春”，即春季之第三月。《乐书缶》：“正月季春元日己丑。”《金文形义通解》云：“晋用夏历，以建寅为岁首，正月当周季春。”

小篆“季”写作，构形从禾从子，与甲骨文、金文一致。就字形而论，我们可以看出，从甲骨文、金文到小篆，甚至是今天所用的楷书，几千年的发展，除字体不同、偶有讹变外，构形上基本都是从禾从子，几乎没有变化。

然而，“季”字本义究竟是什么？这需要讨论讨论。

《说文解字·子部》：“季，少称也。从子，从稚省，稚亦声。”许慎的说解有两个方面的问题值得讨论：其一是以“少称”为训与“季”字从禾从子构形有疑问。所谓“少称”，就是年轻最小者的称呼，这与“季”字构形从子相关而与从禾无涉。我们知道，汉字是以形表义的文字，这一属性决定了其形、义之间的联系是非常紧密的。据此可以说，“少称”不应当是“季”字的本义而是引申义。其二是《说文解字》收有“稺”字而未收“稚”字，怎么会出现“从稚省、稚亦声”的说解呢？难怪清人王筠在其《说文句读》中说：“《说文》有稺无稚，即今本《毛传》尚作稺，知此为后人误改。”然而，参之以后世字书，我们或许可以理解许慎为何如此之作。《玉篇·子部》收有“季”字异体“雉”字，并云:“䅺,音季,古文。”宋郭忠恕的《汗简》、宋夏竦的《古文四声韵》也均都收有“䅺”字,分别写作、,字的构形当分析为从子、稚声,或可佐证许慎的说解不误。

“稚”为“稺”之异体,《说文》收“稺”而未收“稚”。“季”字既然是从稚省声,其古音就必然与“稚”(稺)相同。所以,林义光在其《文源》卷十就提出:“禾为稚省不显。《说文》‘稚亦声”,是季与稚同音,当为稺之古文,幼禾也,从子禾,古作季,引伸为叔季之季。”

林义光先生的观点为我们探寻“季”字本义提供了非常有价值的线索。据此,我们大约可以梳理出“季”与“稺”、“稚”二字的关系:“季”为古字,构形从禾从子,为会意字;而“稺”、“稚”异体,均为后起今字,从禾、屖(隹)声,为形声字。“季”字的本义即《说文解字·禾部》“稺”字下所云“幼禾也”。《说文·禾部》:“稺,幼禾也。从禾,屖声。”《玉篇·禾部》亦云:“稺,幼禾也。稚,同上。”《诗·小雅·大田》“去其螟螣,及其蟊贼,无害我田稺”之“稺”即幼禾、嫩禾之义。“幼禾”之义与“季”字从禾从子构形非常吻合,即“季”字之本义,引申为泛指幼小,如段玉裁“稺”字下所注:“引申为凡幼之称。”

在以后的使用过程中,“季”与“稚”(“稺”)出现了分化。“稚”由“幼禾”引申指年少、幼小。《广雅·释诂三》:“稚,少也。”《广韵·至韵》:“稚,幼稚。”《谷梁传·僖公十年》:“晋献公伐虢,得丽姬,献公私之。有二子,长曰奚齐,稚曰卓子。”又引申指物体细小。《广韵·至韵》:“稚,亦小也。”《水经注·汾水》:“泉源导于南麓之下,盖稚水濛流耳。”《通典·食货·钱币下》:“稚钱五铢,径一分半,重四铢,文曰五铢,源出于五铢,但狭小,东境谓之稚钱。”又引申指孩子、儿童。《孟子·滕文公上》:“又称贷而益之,使老稚转乎沟壑。”《文心雕龙·谐隐》:“岂为童稚之戏谑,搏髀而抃笑哉?”

而“季”则由幼禾引申指兄弟姊妹排行最小的。古代以伯、仲、叔、季指兄弟之间的排行，其中以“伯仲”指排行在前的，“叔季”指排行在后的，而“季”又是指排行第四或年纪最小的、最年轻的。《诗·魏风·陟岵》：“母曰：嗟！予季行役，夙夜无寐。”毛传：“季，少子也。”《左传·隐公元年》“惠公元妃孟子”唐孔颖达疏：“孟仲叔季，兄弟姊妹长幼之别字也。”又如《诗·召南·采苹》：“谁其尸之，有齐季女。”其意思是：祭祀由谁来主持，有个美丽的少女。又如“季母”就是叔母、婶母；“季弟”就是最小的弟弟；“季妹”就是最小的妹妹；“季材”就是幼嫩的木材；“季指”就是小指；“季绢”就是下等绢。

我国台湾出版的二十四节气邮票
引自《二十四节气》 第2页 董学玉 肖克之 主编 中国农业出版社 2012年6月第1版

“季”又由排行在末的意思引申指一个朝代、一个时期的末了。《左传·隐公元年》：“惠公之季年，败宋师于黄。”《国语·晋语一》：“今晋寡德而安俘女，又增其宠，虽当三季之王，不亦可乎？”韦昭注：“季，末也。三季王，桀、纣、幽王也。”汉蔡琰《悲愤诗》：“汉季失权柄，董卓乱天常。”唐刘禹锡

《祭福建桂尚书文》:“始识尚书，贞元季年。”又如“季末”就是末世、衰世;“季世”就是末代、衰败时期;“季代”就是末世;“季年”就是晚年、末年;“季俗”是指末世颓败的风俗。

“季”又引申指一年四季中每季的最后一个月。《书·胤征》:“俶扰天纪，遐弃厥司，乃季秋月朔，辰弗集于房。”《逸周书·周月》:“岁有春夏秋冬，各有孟仲季，以名十有二月。”又如“季月”是指每季的最后一月，即农历三、六、九、十二月;“季冬”是指冬季的最后一个月，即农历十二月;“季春”是指春季的最后一个月，即农历三月;“季秋”是指秋季的最后一个月，即农历九月;“季夏”是指夏季的最后一个月，即农历六月。

农作物从幼小到成熟，大约需要三个月，所以“季”字又引申为一年四季的季。“季”字的这一引申义到了今天成了常用义，以致其本义“幼禾”反而消失不用了。

“季”还用作为姓氏用字。《广韵·至韵》:“季，姓，《左传》鲁有季友。”宋郑樵《通志·氏族略四》则记载有两种说法:“季氏，姬姓，鲁桓公季子友之后也，亦曰季孙氏。一曰陆终氏之子季之后。”

关于“季”姓用字，有这么一则传说故事。传说“季”姓本来姓“李”，不知是哪朝哪代，一李姓人士在朝廷任要职，因触怒皇上而致使皇上要将天下李姓满门抄斩。一天，朝廷官兵来到一个李姓山村，将全村的男女老少召集到村头，准备将所有人的头砍下。此时，村中一个秀才便站出来对官兵说:“你们要杀的是李姓人士，可我们这个村里的人不姓李，全是姓季的。你们错杀无辜，我将告到皇帝面前，治你们的罪。”但是，官兵对这位秀才的话表示怀疑，于是挨家挨户去查看各家的祖宗牌位，上面果然写的是姓“季”，在事实面前官兵们只好全部撤走了。这是怎么回事呢?原来这个秀才听到官兵要抄斩李氏满门时，便在头天晚上连夜在各家神主牌位的李字上加上了一撇，

"李"姓便成了"季"姓。从此,百家姓中就有了季姓。

这则传说故事的真伪已无从考辨,也无需考辨。然而,这一则传说故事却能告诉我们许多:汉字是以形表义的文字,汉字的点画之间传承的是中华文化之血脉,字与字之间形体上的多一点、少一点或多一画、少一画,其结果就可能如"季"、"李"二姓一样,"失之毫厘而差之千里"。这是其一。其二是古人非常智慧,在谈笑之间就将"季"、"李"二字间的构形差异说清楚,且让人终身不忘,不至于再出现如金文错将"季"字写作"李"字的错误,这种寓教于乐的辨文识字的方法非常值得今人效仿。因而,我们与其将其作为考索"季"姓起源的佐证或作为茶余饭后的趣谈,毋宁将其作为教童蒙辨文识字的好素材,而这或许正是古人编出这一故事的初衷吧。

〖"候"门似海〗

穷山候至阳气生，百物如与时节争。
花深叶暗耀明日，日暖众鸟皆嘤鸣。
——宋·欧阳修《鸟啼》

中国古代的诗歌中包含有极其丰富的物候知识。所谓物候，是指动、植物随季节气候变化而变化的周期现象，也泛指时令。上引欧阳修诗中所描写的物候现象是：候至日暖，万物与时争开，众鸟皆鸣。这是因为，花鸟草木是有生命的，并且对季节变化非常敏感。它们的生长发育，直接反映了季节的变化。

中国自古就是以农业立国，农时与季节的关系密切。在有规律调配年、月、日的历法产生以前，中国古代漫长的岁月都是“观象授时”的时代。而观象授时的“观象”，最早的观察恐怕还是从气象、物象开始的，因为气象、物象与先民的生产、生活有着切身的利害关系，比起天象来得更直接，显得更具体实在。古人要掌握农时、季节的变化，靠的主要是物候。这里的“候”是气候的意思。每候有一个相应的物候现象，叫“候应”。几千年来，中国古代的劳动人民注意到草木荣枯、候鸟来去、降霜下雨等自然现象与气候的关系。依据物候观测来确定季节变化，是古代最好的方法，就是在今天仍有指导意义。可以说，物候是古代作为指示农时以确定农作物栽培技术的依据。

中国最早的物候记载，见于《诗经·豳风·七月》，其中“四月秀葽，五月鸣蜩”，“五月斯螽动股，六月莎鸡振羽”，“八月其获，十月陨箨”等都确切地反映了物候现象与季节、农事活动的密切关系，为后世编制农事历创造了良好的范例。

宋代王应麟《玉海》中记载了用鸟兽草木的变动来验证月令的变易，并说：“五日一候，三候一气，故一岁有二十四节气。”这样，一月六候，一岁七十二候，就将气象、物象与月、岁的配合规律化，整齐划一。这是把古来的零散、杂乱记载加以集成、整理的结果。

有关七十二候的完整记载，最早见于《吕氏春秋》的十二纪中。汉代的《淮南子》又将七十二候与二十四节气两个系统配合起来，合二为一，就成为一个完整的农事历体系。今天汉语中的常用词语“气候”一词，其初始意义指的就是一年的二十四节气与七十二候。如宋人高承《事物纪原·正朔历数·气候》说：“《礼记·月令》注曰：‘昔周公作时训，定二十四气，分七十二候，则气候之起，始于太昊，而定于周公也。’”后也泛指时令。如宋人陆游《园中书触目》诗：“气候今年晚，浓霜始此回。”清人宋荦《〈明遗民诗〉序》:“然譬诸霜雁叫天,秋蛩吟野,亦气候所感使然。”至于“气候”一词的其他义项如“云气变化”、“天气”、“人的神态风貌”等则是它的引申之义。

与“气候”一词相似,“时候”、“节候”等词中“候”的初始意义指的也是气候。如《公羊传·庄公二十二年》“冬,公如齐纳币”何休注:“凡婚礼皆用雁,取其知时候。”“时候”就是季节与气候之义。又如,《南齐书·褚炫传》:“從宋明帝射雉,至日中,无所得……炫独:‘今节候虽适,而云露尚凝,故斯翚之禽,骄心未警。’”“节候”指的是时令与气候。

说到“候”,大家可能会联想到“侯”,不仅是因为这两字的古音相同,长得也很像,也许还会发问:“候”、“侯”二字是否存在某种联系呢?其实,追本溯源,“候”与“侯”古本一字,并且原本都应当写作“矦”。

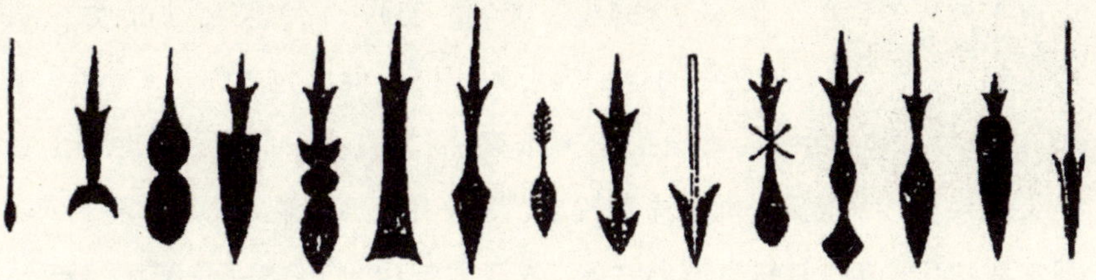

中国古代箭镞的样式

引自 《中国的射礼》 第74页 顾涛 著 南京大学出版社 2013年1月第1版

就字形而论,“矦”字的甲骨文写作、,或写作,古文字构形正、反无别;金文写作、,文字构形均从厂、从矢,为“侯”之初文。《说文解字》中的“矦”即为“侯”字古文。大概到了战国时期的秦国文字始在“矦”字的基础上增一人形写作,即“矦”字,字今写作“侯”。张世超等编著的《金文形义通解》也说:“甲骨文‘侯’字作、、、等形,金文及《说文》古文皆与之形合。‘侯’之本义为射礼所用之射布，箭靶，字本象射侯张布著矢之形。以矢形烘托所射之侯，犹如字以目烘托目上之眉也。金文‘侯’字内之矢形几乎皆于箭杆形上加短横或圆点，……诅楚文，秦简字上增从人，与小篆同。乃秦系文字特点。”

秦始皇统一文字后，所用的规范文字小篆即写作“矦”，“医”字则从文献中消失而只保存于字书之中。《说文解字·矢部》：“矦，春飨所射矦也。从人，从厂，象张布；矢在其下。天子射熊虎豹，服猛也；诸矦射熊豕虎；大夫射麋，麋，惑也；士射鹿豕，为田除害也。其祝曰：‘毋若不宁矦，不朝于王所，故伉而射汝也。’医，古文矦。”“不宁侯”即“不宁之侯”之义，为古代成语。《仪礼·大射仪》“董侯道”郑玄注也云：“尊者射之以威不宁侯，卑者射之以求为侯。”

就词义来说，古代重武习射，经常举行射礼，“侯”就是古时射礼用兽皮或布做成的箭靶。清人徐灏《说文解字注笺》就说：“侯制以布为之，其中设鹄，以革为之，所射之的也。大射则张皮于侯以为之饰。”《诗经·齐风·猗嗟》：“终日射侯，不出正兮。”朱熹注：“侯，张布而射之者也。大射则张皮侯而设鹄，宾射则张布而设正。”《仪礼·乡射礼》：“用张侯下纲。”郑玄注：“侯，谓所射布也。”因“侯”或用布制作，《白虎通·乡射》就说：“侯者，以布为之。”所以，“箭靶”这一意义的“侯”字，后世又或从巾写作“帿”。《玉篇·巾部》：“帿，射帿也。古作侯。”《集韵·矦韵》：“矦，古作医，或从巾（作帿）。”

至于“侯”的形制，郑玄在《周礼·考工记·梓人》“上两个，与其身三”下是这样注释的：“侯制：上广下狭，盖取象于人也，张臂八尺，张足六尺，是取象率焉。”又在《仪礼·乡射礼》“下舌半上舌”下注释道：“侯，人之形类也。上个象臂，下个象足，中入张臂八尺，张足六尺，五八四十，五六三十，以此为哀也。”

“射侯”为古代天子的大射礼。《礼记·射义》说：“故天子之大射，谓之射侯。射侯者，射为诸侯也。射中则得为诸侯，射不中则不得为诸侯。”因其有“射中则得为诸侯，射不中则不得为诸侯”之说，所以，射者射侯所得亦可谓之“侯”。《礼记·王制》：“王者之制禄爵，公、侯、伯、子、男，凡五等。”《魏书·官氏志》：“九月，减五等之爵，始分为四，曰王、公、侯、子，除伯、男二号。”《明史·职官志五》：“公、侯、伯，凡三等，以封功臣及外戚。”

射礼所用之箭矢也可以称之为“侯”。《大戴礼记·投壶》：“弓既平张，四侯且良。”清人王聘珍《大戴礼记解诂》就说：“侯，读曰鍭。”这一意义上的“侯”字，后世增一形符“金”写作“鍭”。《说文解字·金部》说：“鍭，矢金镞翦羽谓之鍭。从金、矦声。”所谓“翦羽”，是齐羽的意思。《方言》卷九：“箭，自关而东谓之矢，江淮之间谓之鍭，关西曰箭。”唐兰先生在《永盂铭文解释的一些补充》中就说：“它（鍭）的原始象形字是矦字，象张布为矦，用矢射矦的形状。从被射的布来说是‘矦’，从射矦的矢说就是矦矢。……正由于矦矢用了金镞，所以造了一个从金的鍭字。”《周礼·夏官·司弓矢》：“杀矢、鍭矢，用诸近射田猎。”郑玄注：“杀矢，言中则死，鍭矢象焉。鍭之言候也，二者皆可以司候射敌之近者及禽兽。前尤重，中深而不可远也。”

在现代射击训练场上，有一种专司报靶的军人叫“报靶兵”。汉语中的“候兵”、“候卒”之词，即指古代专司观察军事动态或军中巡夜之职的士兵，这与当今的“报靶兵”有异曲同工之妙。记得当年上大学期间，军训行将结束之时，大家都上靶场进行实弹射击。在同学们的每轮射击之后，我们都会看到从靶子身后的壕沟里走出一位手持红旗报靶的人，报告每人射击的靶数。这种情形与古代行射礼时的射击现场应该是一致的。这种专司报靶之人亦叫“侯”。马叙伦先生在其《说文解字六书疏证》卷十也说：“伦谓射医者，医字义。矦者，候之初文，从人在医后，候其中否，声即得于医。目验清代武试，矦后有人持红旗伺其中否以告。”这一意义上的“侯”字，后世又增一形符“人”，写作“候”，字今写作“候”。《说文解字·人部》说：“候，伺望也。从人，矦声。”俞樾《儿笘录》即云：“樾谓矦既从人，候又从人，重复无理，乃后出字也。古候字止作矦……盖矦者射矦也，人所望而射也，故矦字即有伺望义，许君以伺望为候字说解，不知其即为矦字引申义也。矦篆下古文有医，盖古文止为医，后从人作矦，又从人作候，孳乳益多，非古字矣。”

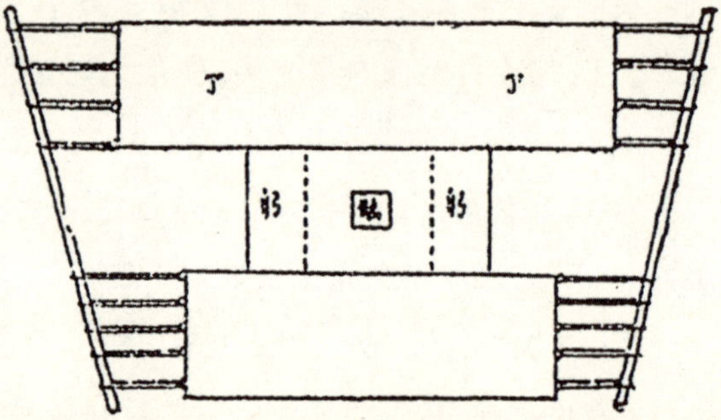

射侯（射侯的形制，一般由侯中、躬、个、纽、纲、植等几部分组成。）
引自《中国的射礼》 第77页 顾涛 著 南京大学出版社 2013年1月第1版

“候”字由伺望、侦察之义引申有观察之义。《陈书·后主沈皇后传论》：“(张贵妃) 才辩强记，善候人主颜色。”唐代韩愈《顺宗实录一》：“上每进见，候颜色，辄言其不可。”

又引申为负责军中任侦察之事者，也叫“斥候”、“军候”。如《墨子·号令》：“候出越陈表，遮坐郭门之外内。”《淮南子·兵略训》：“前后知险易，见敌知难易,发斥不忘遗,此侯之官也。”

又引申为边境伺望、侦察敌情的设施,哨所,土堡。如银雀山汉墓竹简《孙膑兵法·陈忌问垒》:“去守五里置候,令相见也。”《后汉书·马成传》:“筑保壁,起烽燧,十里一候。”这一意义上的“候”字,后易人旁为土旁而写作“堠”,如“亭堠”、“斥堠”、“烽堠”。《字汇·土部》说:“堠,斥堠。斥,度也;堠,望也,以望烽火也。”唐白居易《和渭北刘大夫借便秋遮虏寄朝中亲友》:“堠空烽火灭,气胜鼓鼙鸣。”裘锡圭先生在其《甲骨卜辞中所见的‘田’、‘牧’、‘卫’等职官的研究》中说:“‘侯’、‘候’本由一语分化。汉代人普遍地把侯训作候,不具引。《尚书·禹贡》‘侯服’伪孔传:‘侯,候也,斥候而服事。’上引《逸周书》孔晁注也说:‘侯,为王斥候也。’从文字上看,候字是由侯字分化出来的。但是从语言上看,诸侯之‘侯’这个词却应该是由斥候之‘候’这个词分化出来的。侯的前身应该是在边境等地为王斥候的武官。”裘先生的说法不是没有道理的。

今天历法中的气候、时候、节候等“候”字的用法,显然是由“候”的伺望、观察之义引申而来。这是因为,观象授时之“观象”,不管观察的是天象,还是气象、物象,虽然都是随季节气候的变化而变化的周期现象,都会“如期而至”,但与军情是一致的,也都是需要伺望、观察的。清龚自珍《平均篇》就说:“月终,太史候望而告气。”所谓“候望告气”,就是对气象的观测记录。汉语中,“候天”“候物”、“候风”“候气”、“候星”等词语中“候”的用法相同。

如果不对“侯”、“候”诸字的字形演变、词义引申作一简要梳理,今天的我们又有多少人能知道,现代汉语中的“王侯”之“侯”、“气候”之“候”原来都与古代射礼中的弓箭射击有关呢?这应当就是汉字的魅力之所在吧。一个汉字就是一部文化史，古人的智慧、古代的文化尽存其间。难怪陈寅恪先生会说：“凡解释一字即是作一部文化史。”中国历法中的用字自然也不例外。

〖“元”亨利贞〗

说到“时间”，通常都包含两层含义：一是指某一瞬间，也就是古人所说的“时刻”；另一是指两个瞬间的间隔，就是有始又有终的“时段”。平常我们所说的几分、几小时、几日，指的都是一个时段，它必须有一个起算时刻，也叫起算点。

历法中的起算点叫做“历元”。中国古人一般是以朔旦(一月之始)、冬至同在夜半的这一天为历元，如果又逢甲子日则更为理想。中国古代帝王即位的第一年或者帝王改换年号的第一年叫“元年”，也叫“元祀”。一年的第一个月叫“元月”，也叫“正月”。正月初一叫“元日”，也叫“元正”、“元朔”。新年的第一天叫“元旦”，以前指夏历的正月初一日，现在是指公历的一月一日。

这些“元”字都有初始、第一的意思。古人为什么称始年及每年的一月、每月的一日为元，以“元”来代替“一”或“第一”呢？这就牵涉到对“元”字的认识了，有必要说一说。

“元”字的小篆写作，《说文解字·一部》云：“始也。从一，从兀。”南唐徐锴的《说文解字系传》作“始也。从一、兀”，并注解说：“元者，善之长也，故从一。兀，首也，故谓冠为元服，故从兀。元，高也，与尧同意。俗本有声字，人妄加之也。会意。”徐锴的注解为我们传递出两条重要的信息：一是到了唐宋时期社会上流传的《说文解字》一书有许多不同的版本，大、小徐本《说文》本身就有“从一从兀”与“从一兀”之别，另外还有一种版本的《说文解字》将“元”字的结构分析成“从一兀声”的形声字，但被徐氏兄弟给否定了；二是尽管版本各有不同，但《说文》有关“元”字词义的训释“始也”则是一致的。关于第一点，元代的戴侗，清代的段玉裁、王念孙、桂馥等人又认为二徐错了，《说文》本作“从一兀声”。至于第二点，我们都知道，汉语词义引申发展的一般规律是由具体到抽象、由个别到一般、由实词到虚词，《说文》“始也”的词义训释比较抽象，显然不应该是“元”字的初始本义。那么，“元”字的初始本义究竟是什么？看来如果只是局限于小篆及《说文》的范围内，要讲清“元”字的结构，弄清“元”字的初始本义，是非常困难的。

为了弄清“元”字的结构、本义及其演变轨迹，就有必要追溯到古金文及甲骨文诸“元”的形态。容庚《金文编》元字条收有（兀作父戊卣）一形，并引高景成云：“乃元字初文，与兀为一字。”从《金文编》知道，最早的元与兀是一个字，是独体象形字。林义光《文源》亦说：“兀，盖与元同字。”，实际上就是一个侧立的人形而突出强调其头部。它与甲骨文作、金文作的“人”字构形区别就在于突出代表头部的填实的圆点。它与金文作的“天”字构形相似，所不同的是，“天”是正面而立的人形而突出强调其头部，以示其最高处（《说文·一部》：“天，颠也，至高无上。从一大。”）。“元（兀）”与“天”

二字的构形，仅仅是依靠人形正面而立与侧面而立的不同来分别指人的头部（首）与人的头顶（顶），这恐怕就只是一种习惯或者说是“约定俗成”了。

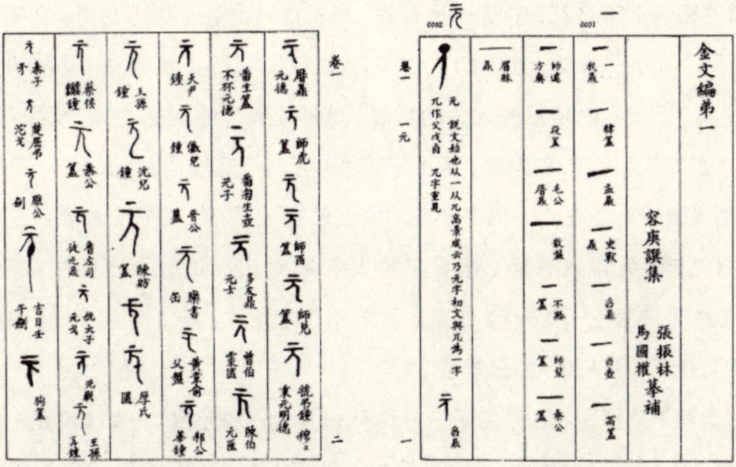

《金文编》中收录的“元”字
引自《金文编》容庚 编著 张振林 马国权 摹补 中华书局影印 1985年7月第1版

表示人的头部的圆实点虚化为一横，甲骨文写作、，金文就写成、。“元”字的这种字形演变，与“天”字由演变为、是一致的。至于后来，再在上加一横，特指其头部之所在，便是甲骨文、金文常见的各种“元”形了，如甲骨文写作、，金文写作、。这也与“天”字可由再加一横作、是一致的。再加一横之后的便成了“元”的基本结构，一直沿用至今，隶变时只是将侧立的人形变成“儿”而已。而隶变后就成“兀”，于是与“元”分立为二字。许慎不知“兀”、“元”古本一字而将“兀”另立，且归属儿部，显然是不妥当的。

由上述字形分析可知，“元”的本义为首，就是头。所以，《尔雅·释诂下》：“元，首也。”郭璞注：“元，谓头首。”《左传·襄公九年》“元，体之长也”孔颖达疏：“于人则谓首为元。”既可指人的头，亦可指动物之头。《礼记·曲礼下》“凡祭宗庙之礼，牛曰一元大武”郑玄注：“元，头也。”另外，文献中有“丧元”、“归元”等语，其中的“元”即首之义。“丧元”就是杀头、掉头颅的意思，而“归元”就是归还人头的意思，是将死者之头送回。如，《孟子·滕文公下》：“志士不忘在沟壑，勇士不忘丧其元。”赵岐注：“元，首也。”三国魏曹植《杂诗》之六：“国雠亮不塞，甘心思丧元。”又，《左传·僖公三十三年》：“(先轸) 免胄入狄师，死焉。狄人归其元，面如生。”杜预注：“元，首也。”《左传·哀公十一年》“归国子之元”杜预注：“元，首也。”北周庾信《哀江南赋》：“狄人归元，三军悽怆。”

“元服”是指冠，俗称帽子。古称行冠礼为“加元服”。如《仪礼·士冠礼》说：“令月吉日，始加元服。”《汉书·昭帝纪》：“〔元凤〕四年春正月丁亥，帝加元服。”颜师古注：“元，首也。冠者，首之所著，故曰元服。”

又，“冠”字构形从元，亦可证明元之本义为首。《说文解字·冖部》：“冠，豢也。所以豢发，弁冕之总名也。从冖，从元，元亦声。冠有法制，从寸。”“冠”字构形像以手持帽戴于头上之形。杨树达《积微居小学述林·释元》卷二就说：“寸者，手也；冖者，覆也。冠从寸，从冖，从元，谓人以手持覆加于首也。冠加于首，其字从元，此造字时以元为首之证也。”

诸多材料均可证明，《尔雅》“元，首也”的这一古训完全正确，“首”就是“元”的本义。头是人身上最重要的部分，是人体从上到下的第一部分，亦即开始的部分，也就是最“大”的部分，所以“元”又有开始、第一、重要、大、长 (cháng) 等引申义。《说文》所谓“始也”实乃“元”的引申义之一。《周易·乾卦》“乾，元亨利贞”孔颖达疏：“子夏传云，元，始也。”

十分遗憾的是，甲骨文、金文元字虽然屡见，却尚未见到有用其本义者，而都是用其引申义。朱歧祥《殷虚甲骨文字通释稿》说："卜辞元的用意有：① 地名。……元为殷王田狩地名，见于晚期卜辞；② 元示。元示，与下示对称，即后之言大示、小示；大宗，小宗。元有始、大之意，引申为始祖。……元臣，即先世重臣。受元祐，即受先王大宗之佑护，元为元示之省。"

甲骨文称"元示"、"元臣"，义即大示、大臣，又称"元卜"，义为第一卜即始卜。金文称"元年"、"元子"、"元配"，元均有第一或嫡长之义；或称"元鸣"、"元剑"，元又有长 (cháng) 义。

不过，从文献资料看，元字用其本义者也是极少数。大量的是用其引申义。典籍中常见的词语有元宰、元辅、元相 (宰相)、元臣、元老、元凶、元恶 (大恶、首恶)、元憝 (首恶)、元巳 (上巳，农历三月第一个巳日)、元日、元正 (元旦)、元勋、元功 (大功)、元兄、元昆 (长兄)、元戎、元帅、元吉、元侯、元气、元配、元舅 (大舅)、元德 (大德)、元绪 (大事业)、元龟 (大龟) 等。此外，还有解元、会元、状元 (亦称状头) ——科举考试中乡试、会试及殿试的第一名，合称三元 (亦称三头)，考试夺此三元者就通称"连中三元"。

汉语中还有两个由元组成的同义复合词"元始"、"元首"。"元，始也"，结合为元始，意为元本、最始、最初。《淮南子 · 天文训》："镇星以甲寅元始建斗。""天一元始，正月建寅。""太阴元始建于甲寅。"萧统《文选序》："式观元始，眇觌玄风。"皆其证。汉平帝及北凉宣武帝取以为年号。道教有所谓"元始天尊"，是道家们想象中的最高天神，生于太元之先。《封神演义》里的"元始天尊"便具无边法力，是神话世界里阐教的首脑。"元，首也"，结合为元首，本义也应是指头、脑袋。由于"元"又有大、第一诸义，故元首通常被理解为君主、首脑，即一国之首、国中地位最高的人物。此语最早见于《书 · 益稷》："元首起哉！""元首明哉！"指的就是君主。在当今世界上，元首皆就一国而言，称国家元首者必然是国家最高领导人，如国家主席、总统或国王——国之头也。现代汉语词汇中尚能约略显示“元”字本义的，为数甚少，除此元首一语外，便只剩下“多元”(即多头)“一元”之类了。

玉清元始天尊
引自《道教图文百科 1000 问》 第 1 页 李绿野 编著 陕西师范大学出版社 2008 年 2 月第 1 版

文字的功能只是记录语言。然而，汉字以形表意的属性却常常让使用者在使用的过程中附着了些许感情的色彩。元字就因其与元朝之元同字而曾遭受到不公平的待遇。如唐章碣《焚书坑》诗“坑灰未冷山东乱，刘项元来不读书”、宋赜藏编著《古尊宿语录》“仔细看时，元来青布幔里有人”、南宋诗人陆游《示儿》一诗首句“死去元知万事空，但悲不见九州同”等诗文中的“元”字后均被改为“原”。这其中的原因，据说是明朝建立后，统治者对蒙古贵族还心存戒备，害怕元朝卷土重来，如果继续使用“元来”，就犹如盼望“元朝”再来，触犯了明初统治者的忌讳，于是“元来”二字便一律改用“原来”。从此之后，“元来”一词就被“原来”代替了。其实，不仅仅只是“元来”一词被改写作“原来”，汉语言中的许多以“元”字为构词成分的词语后来都被改写作了“原”。如：“元始”作“原始”，“元韵”作“原韵”，“元样”作“原样”，“元煤”作“原煤”，“元书”作“原书”，“元配”作“原配”，“元则”作“原则”，“元判”作“原判”，“元形”作“原形”，“元因”作“原因”，“元由”作“原由”，“元本”作“原本”，等等。汉语中的这一特殊文字现象产生的原因，究竟是因为元与元朝同字，还是因为元、原二字同音，现已无从考证。不过，顾炎武、王应奎、郝懿行等都曾撰文讨论，恐怕就不会是“空穴来风”吧。

清人顾炎武《日知录》卷三十二就说：“元，本也。本官曰‘元官’，本籍曰‘元籍’，本来曰‘元来’，唐宋人多此语。后人以‘原’字代之，不知何解。原者，再也。《尔雅》：‘原，再也。’……与本来之义全不相同。或以为洪武中臣下有称元任官者，嫌于元朝之官，故改此字。”清人王应奎《柳南随笔》卷三也说：“明太祖既登极，避胜朝国号，遂以元年为原年，民间相传如此，而史书不载。”清人郝懿行在《晋宋书故》“元由”条下就说得更清楚：“元，始初也；由，萌蘖也。论事所起，或言‘元起’，或言‘元来’，或言‘元故’，或言‘元旧’，皆是也。今人为书，‘元’俱作‘原’字，如官曰‘原任’，诗曰‘原韵’，文曰‘原文’，以物质钱曰‘原当’，以钱赎物曰‘原价’，凡此之类有数十条，习实为常，不加更正，推厥所由，盖起于前明初造，事涉元朝，文字簿书率皆易‘元’为‘原’，沿至今日，习非成是，不察所安。”

挺有意思的是，尽管有诸多词语中的“元”字被改写作了“原”，然而，与记年、月、日、时相关词语中的“元”字，除“元年”或被写作“原年”外，多不被改写作“原”，如“元日”、“元月”、“元正”、“元旦”、“元旬”、“元辰”、“元祀”、“元朔”、“元宵”、“元七”、“元夕”、“元巳”等，这是否说明了在古代社会中历法的重要性呢？

上元侍宴：历代皇帝在元宵节时的重要礼仪

引自《中国节：图说民间传统节日》 第47页 李露露著 福建人民出版社 2012年3月第2版

〖“闰”物细无声〗

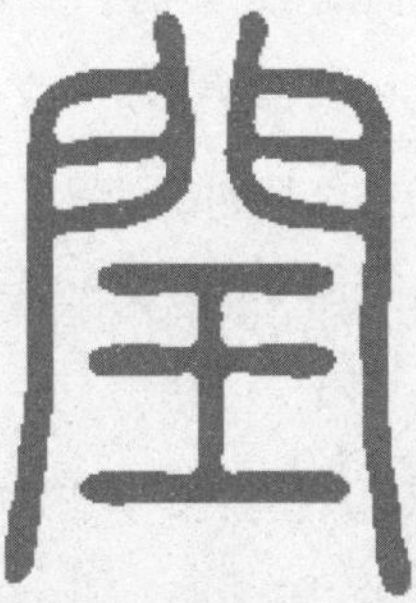

恐怕很少有人会想到，中国传统历法中的“闰”字用法很可能就是一个“错误”。

从字面上说，“闰”就是“余”，多余的意思，是指历法纪年和地球环绕太阳一周运行时间的差数，多余出来的就叫做“闰”。“闰”也可以叫做“多”，殷虚卜辞中“多八月”的“多”就是闰。后世文献也有类似的记载，如《白虎通义·日月》：“闰者，阳之馀。”《素问·平人气象论》“脉五动，闰以太息”清人张志聪《黄帝内经素问集注》说：“闰，余也。”《玉篇·王部》、《广韵·稕韵》都解释说：“闰，闰余也。”《史记·历书》“正闰余”裴骃《史记集解》引《汉书音义》说：“以岁之余为闰，故曰闰余。”这些文献材料传递给我们的信息是，年岁的时间有多余才置闰。换句话说，“闰”的方法是将多余的时间减去。余数叫闰，对余数的处理也叫闰。

然而，中国传统历法的实际情况却是这样的：每逢闰年，或加一日，或加一个月。即阳历每隔四年加一额外的闰日——即2月29日；农（阴）历每三年要加一个月，每五年加两个月，每十九年加七个月。这样一来，农（阴）历闰年的一年就有十三个月，所加的一个月，称为闰月；闰月加在某月之后，就叫闰某月。

凡是闰年，不管是加一日，还是加一个月，“闰”用的都是加法，也就是通过“加”来调整时差，这与“闰”的“减去多余”之本义是不同的。

这究竟是怎么回事？难道古人真的把“闰”字用错了？

其实，“闰”字的一“减”一“加”恰恰真实地记录了中国传统历法由粗疏至精确的历史变迁。

中国是以农业为主的国家，人们要按季节进行农业生产，就必须制定历法。上古时期的先民很早就能够“观象授时”。《尚书·尧典》就说：“乃命羲和，钦若昊天，历象日月星辰，敬授民时。”《史记·历书》也说：“太史公曰：神农以前尚矣。盖黄帝考定星历，建立五行，起消息，正闰余，于是有天地神祇物类之官，是谓五官，各司其序，不相乱也。民是以能有信，神是以能有明德，民神异业，敬而不渎，故神降之嘉生，民以物享，灾祸不生，所求不匮。”

远古时代，中国历法用的是一年366天，是用减差法来调整时差的。《尚书·尧典》说：“期三百有六旬有六日，以闰月定四时成岁。”“期”是一周年的意思，字本作“稘”。《集韵·之韵》：“稘，《说文》：‘复其时也。’引《虞书》：‘稘，三百有六旬。’亦书期。”那么如何“以闰月定四时成岁”呢？《汉书音义》是这样解释的：“以岁之余为闰，故曰闰余。”“岁之余”就是一年多余的日子。

《尧典》中的“三百有六旬有六日”，是古代较早期所知的一年的日数，是根据太阳的回归年这一运动（即寒暑变化）来认识的。竺可桢在其《我国古代天文学上的伟大贡献》即指出“三百又六旬又六日，就是阳历年”。而所谓回归年，是指地球环绕太阳公转一周，在地处北半球的中国，经历春夏秋冬四季，周期为365．242 2日。《尧典》中的一年366天要比回归年的天数（古人称之为“岁实”）多出0.757 8天。这多出的天数就通过“闰”来调节。至于具体如何操作，今已无从考证。

这些记录说明，在尧典记载的时代，中国远古历法以366天为一岁，用闰月来确定四时和确定岁的终始。在这里，“闰”字的本义与远古历法是相吻合的。

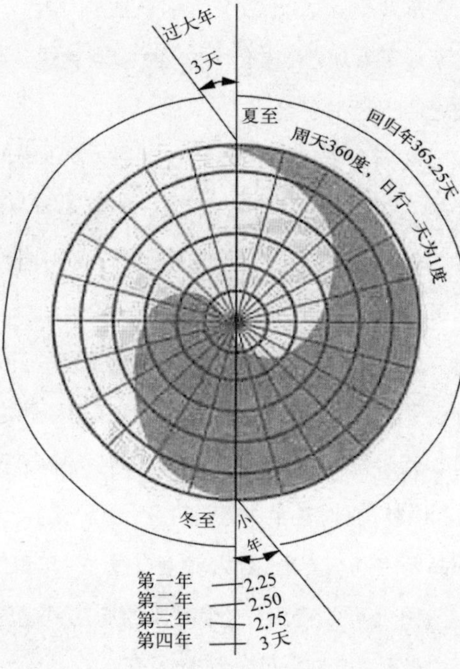

大小年示意图

引自《中国古代历法解谜——周易真原》 第7页 田合禄 田峰 著 山西科学技术出版社 1999年4月第1版

大概到了殷商时代我国开始实行阴阳历。这种历是把“回归年”和“朔望月”的长度，作为制历的基本准则。回归年的长度是365.242 2日，朔望月的长度是29.530 6日。这两个数不能通约，如果规定十二个朔望月构成一个农历年，则农历年的长度就是29.530 6×12=354.367 2，比回归年的长度少十一天左右；如果规定十三个朔望月构成一个农历年，那么29.530 6×13=389.897 8日，比回归年多十八天多。显而易见，按照这两种规定制定历法，都会出现天时与历法不合、时序错乱颠倒的现象。以规定农历年为十二个朔望月为例，某年春节在大雪纷飞的冬天，过了这个农历年之后的第二春节，就要比前一个春节在季节上提前十一天。依此类推，经过十六个农历年之后，春节就会提前到赤日炎炎的盛夏了。长此以往，春节可能列在一年的任何季节里。如此，历法也就失去其作用了，农业生产不能以时，政治也会随之紊乱了。所以《左传·文公六年》就说："闰以正时，时以作事，事以厚生，生民之道于是乎在矣。"

又因为不能用29.530 6这一带有小数的时间计月，于是就人为地规定大月30日，小月29日。全年12个月，6×30=180，6×29=174；180+174=354，比回归年约少10日。三年少一个月，这一差数必须补足，季节才不会提前。因此每三年设一闰，五年再闰，十九年中七闰。《谷梁传·文公六年》"闰月者，附月之馀日也，积分而成于月者也"范宁注云："一岁三百六十日，余六日，又有小月六，积五岁得六十日而再闰，积众月之馀分以成此月。"平年十二个月，闰年就十三个月。殷周时代，闰月大概是置于年终，所以甲骨卜辞有"十三月"记载，有时甚至有"十四月"之辞，这应当是一年两闰的记录，说明当时置闰尚无定制。春秋以后，就没有过"一年再闰"的情况了。

由上可以看出，这个时候的历法是通过"加差法"来置闰的。闰字字义亦由最初的"减"而变为"加"了。

中国传统历法中的"置闰"产生很早，但"闰"字的出现却是较晚的事，大约出现于周代。殷商卜辞和西周金文纪闰月或写作"十三月"，没有出现"闰"字。王国维先生在《刘盼遂记说文练习笔记》中说："闰字见于《尧典》，然龟板文有‘十三月’，是闰起于周之证。”

关于闰字的结构，许慎的《说文解字 · 王部》是这样说解的：“闰，余分之月，五岁再闰。告朔之礼，天子居宗庙，闰月居门中。从王在门中。《周礼》曰：‘闰月王居门中，终月也。’”

“闰”字构形为什么是“从王在门中”呢？依据《说文》的解释，这与古代的“告朔”礼有关。周代礼制，天子在每年的季冬要把下一年的历书颁发给诸侯，称之为“告朔”。《周礼 · 春官 · 大史》“颁告朔于邦国”郑玄注云：“天子颁朔于诸侯，诸侯藏之祖庙，至朔朝于庙，告而受行之。郑司农云：‘以十二月朔，布告天下诸侯。’”

告朔礼是先秦时期非常重要的一种礼，它的顺利施行，能使全国政令、时令修备，保证农业生产的顺利进行。天子在每年的季冬要把下一年的历书颁发给诸侯，而诸侯则从天子处接受一年十二个月的朔政，归藏于祖庙。来年每月朔日（初一）朝于庙，以天子所颁之朔政告于祖宗神灵，接着出国门颁布这个月的政令，最后在明堂听治此月之政，即使是闰月也不能缺告朔礼。

周代明堂的设置分为五大块：中间是“大庙大室”，东西南北四方各有三间房，三间房居中的那一间分别名为“青阳太庙”、“总章太庙”、“明堂太庙”、“玄堂太庙”。除大庙大室，四方共有十二间房。一年十二个月，周天子每月轮流在一间房内向诸侯及百官发布有关命令，《礼记 · 月令》对此有记述，如“天子居青阳左个”、“天子居青阳大庙”、“天子居青阳右个”、“天子居明堂左个”、“天子居明堂大庙”、“天子居明堂右个”、“天子居总章左个”、“天子居总章大庙”、“天子居总章右个”、“天子居玄堂左个”、“天子居玄堂大庙”、“天子居玄堂右个”。“左个”“右个”之“个”，指的是正堂两旁的屋舍。遇到闰月，无固定房间，又不能随便使用十二间房中的任何一间，只得临时在门中发布命令。《周礼 · 春官 · 大史》“闰月，诏王居门终月”郑玄注引郑司农云:"月令十二月,分在青阳、明堂、总章、玄堂左右之位。惟闰月无所居,居于门。故于文,王在门谓之闰。"所以,闰字的构形就因天子"闰月无所居,居于门"而"从王在门中"会意。

"闰"字"从王在门中"构形的说法也曾遭到学者们的质疑,主要集中在字形中的构件"王"字身上。

一种观点认为,"王"应当是"玉"。马叙伦先生即持此说,认为"闰"字"当入玉部",并于《说文解字六书疏证》卷一引黄生的解说:"闰月居门。因字形与礼文偶合,傅会为说,且置闰始于黄帝,何因得有王称。闰字当从玉(古玉字三画而无点)门声,玉之温润也。后因闰月义专,温润字遂借润下之润而本义亡矣。"

黄生、马叙伦的说法倒也不无道理。只是我们需要注意的是,在汉字发展演变的过程中,从王、从玉构形的字常常因字形相近而讹混。俗称"王字旁"的"环"、"琳"、"珍"、"珂"、"瑁"、"班"等诸字本都是从玉而与"王"义无关,然而楷化后都变成了从王。这也就难怪我国历史上第一部官修的韵书——《广韵》就将"闰"写作"閏":《广韵·稕韵》:"閏,闰余也。"宋人郭忠恕编撰的《汗简》所收"闰"字或作(閏,出杨氏阡铭),构形从门从玉。到了明代张自烈编撰的《正字通·门部》就说:"閠,俗从玉作閏。"

另一主张认为,"王"为"壬"字之讹。唐桂馨先生持此说,他在《说文识小录》中说:"此字当是从壬从门,壬亦声。壬象人怀妊之形,工象人,中一画略长,象腹大,门中有妊人,有添丁进口之意,有闰馀之意,古圣造历,积馀分之月为闰月,遂取闰字以名之,造历造字皆远在唐虞之前,其时尚无王之名称,其时亦必无闰月。王居门中之制度,周礼所传,在造历造字之后,宁有制度兴而后有闰字之理乎。则知门中之字绝非王字也。"

"王"为"壬"字之讹的理由恐不充分。《正字通·门部》即说:"閠,即闰字之讹。”

目前，我们所能见到的最早的“闰”字是出土战国时期楚国的帛书文字，写作（《长沙子弹库战国楚帛书研究》甲篇）、（《长沙子弹库战国楚帛书研究》乙篇），构形即从门从王。基于此，我们觉得，在没有更多、更早的文字材料为证的情形下，应当采信许慎的说法——“从王在门中”，毕竟许慎（汉人）比我们更接近周人。

“闰”由“余”、“置闰”又引申有增添、附加之意。如《敦煌变文集·长兴四年中兴殿应圣节讲经文》：“寿等松椿宜闰益，福如东海要添陪。”“闰益”即增多、增加之意。鲁迅《呐喊·故乡》关于“闰土”的取名有这么一段说明：“知道他和我仿佛年纪，闰月生的，五行缺土，所以他的父亲叫他闰土。”显然，“闰土”的名字当中寄予了“他的父亲”的美好愿望：添土而五行不缺。或认为，“闰土”即“润土”，透露的是作者眷恋故乡之情。这倒也与《故乡》之名蛮吻合的。

节气篇

〖“气”象万千〗

“气”为何物？即便是生活在当下的现代人，面对这一问题，恐怕也是一下子说不清的。

中国自古就是以农业立国。“靠天吃饭”的先民在长期的农业生产中，对天时的作用十分重视。《韩非子》就说：“非天时，虽十尧不能冬生穗。”贾思勰的《齐民要术》也提出“顺天时，量地利，则用力少而成功多，任情返道，劳而无获”。

“天”是什么？荀子认为，“天”就是自然界，“天行有常，不为尧存，不为桀亡。应之以治则吉，应之以乱则凶”（《荀子·天论》）。用现代人的话说，“天”就是宇宙和地球表面的大气层。大气层中出现的种种气象，阴晴冷暖，雨雪风霜，直接影响着农业生产。今年粮食丰收了，我们会说“老天爷帮了忙”；而如果是减产歉收，我们就说“老天爷不开眼”。从农业生产的角度看，天指的就是气象条件。而在我国传统的历法中，反映一年四季天气变化与农业生产关系的是二十四节气，节气也简称气。所以，从这个意义上，我们又可以说：天就是气，气就是天。

河南登封古观象台
引自《二十四节气》第5页 董学玉 肖克之 主编 中国农业出版社 2012年6月第1版

“气”，甲骨文写作三、三，与写作三的数目用字“三”非常相似，所不同的是，“三”字的三横画一般长短，而“气”字的中间一横画要比上下两横画短。早期的金文“气”字写作三，延续了甲骨文字的构形，后期则写作三，上一横画弯曲，又或写作气，上、下两横画均为弯曲。于省吾先生《甲骨文字释林·释气》说：“就东周以来之‘气’字加以推考，以其与‘三’字易混，故一变作三，取其左右对称，故再变作气。”

“气”字的构形所象究竟为何物，古文字学家一直有不同意见，可能还会争论下去。

《说文解字·气部》说：“气，雲气也。象形。”在《雲部》下又说：“雲，山川气也。从雨，云象雲回转形。云，古文省雨；，亦古文雲。”许慎以“雲气”训“气”，又以“气”释“雲”，循环为训而所指不明。所以，朱骏声在《说文通训定声》中指出：“此‘气’象天地间氤氲之气也。”但意思似乎仍不明朗。

另一种观点则认为，甲骨文作三，本义是空气。空气充满于地球表面的大气层中，因为看不见，不如云气有形，只能凭呼吸可以感到它的存在。文字构形的上下两横画表示天和地，中间的一短画则表示空气，属指事结构。造字之时与数目字三有别，但写起来容易相混。到春秋战国变其形构，先将上横改成曲笔作，又将下横弯曲作。篆文规范作，三画均曲，原形遂失。

徐中舒先生的《甲骨文字典》则认为：“(气) 象河床涸竭之形，二象河之两岸，加一于其中表示水流已尽，即汔之本字。《说文》：‘汔，水涸也。’又孳乳为讫，《说文》：‘讫，止也。’引申为尽。小篆讹作，借为雲气之气。又省作乞，从乞之字多保留气字初义。”以水为象，徐先生的字形分析颇有道理。东汉时，董仲舒的《春秋繁露》就用鱼与水犹如人与空气的比喻，说明了气的存在与性质，他说：“天地之间有阴阳之气常渐人者，若水之常渐鱼也。所以异于水者，可见与不可见耳，其澹澹也。是天地之间，若虚若实，人常渐是澹澹之中。”“澹澹”的意思是指水荡漾的样子。

“气”字的本义为云气，这应该是没有多大疑问的。然而，有意思的是，“气”字又引申有“乞求”与“给予”这两个完全相反的意义，与“受”字最初既有授予义又有接受义是一致的。《广雅 · 释诂三》：“气，与也。”清人王念孙《广雅疏证》：“乞、丐为求而又为与，贷为借而又为与，禀为受而又为与，义有相反而实相因者，皆此类也。”《广韵 · 未韵》：“气，与人物也。”《集韵 · 未韵》：“气，取也。”《马王堆汉墓帛书 · 十六经 · 果童》：“营行气食，周流四国，以视贫贱之极。”“气食”即乞食，乞讨食物之义。

汉语中，反义同词现象并不鲜见。只是“气”字的反义同词现象，好像是有意，又好像是巧合，隐隐约约总让人觉得同“天气”与“农事”之间的关系相暗合，似乎隐含了这样一层文化意蕴：从农耕角度说，古人的“靠天吃饭”，注定了其对天的乞求与祈盼：顺风顺水，让粮食有个好收成。甲骨卜辞中的“兹气雨”即今之“乞求降雨”之义，可以说是这种关系的真实反映。换一个角度看，粮食能否丰收取决于这一年的天气，而“天气”的好坏不正好是老天爷的给予与否的写照吗？字里乾坤！果真如此，就不由得不佩服古人的聪明与才智。

“气”字的“乞求”与“给予”这两个引申义，后来都写作“乞”。《说文》无“乞”字。“气”、“乞”二字的分化，应当是汉代以后的事情。如，《广韵·迄韵》：“乞，求也。”《左传·僖公十三年》“晋存饥，使乞糴于秦”中的“乞”即乞求、乞讨之义。又引申为请求、希望之义。如白居易《杨柳枝词八首》之七：“小树不禁攀折苦，乞君留取两三条。”《三国演义》第二十一回：“若二人协力，急难收复。乞丞相作急图之。”又如，《集韵·未韵》：“乞，与也。”《正字通·乙部》：“乞，凡与人物亦曰乞。”《汉书·朱买臣传》“妻自经死，买臣乞其夫钱，令葬”中的“乞”即给予之义。

说到“气”，自然就得说说“气”的繁体“氣”字。说到“氣”、“气”二字关系，依照繁简字关系的一般常识，读者朋友可能会这样认为：“氣”既是繁体字，自然就是古字，是本字，只是以后书写过程中的趋简则取了其构形的一半“气”。对此，我们恐怕只能很遗憾地告诉您，这一说法是不对的。

“氣”字未见于甲骨文、金文，也未见于战国文字。就目前的文字材料而言，“氣”字最早见收于东汉时期的《说文解字》，许慎的说解是这样的：“氣，馈客刍米也。从米，气声。《春秋传》曰：‘齐人来氣诸侯。’餼，氣或从食。”用今天的话说，“氣”字的本义是赠送人的粮食或饲料。后又引申指食物。如元杨立斋《哨遍》套曲“饥时节选着那六局全食店里添些个氣”中“氣”即食物之义。这一意义上的“氣”字，读音为xì而非qì，后来都写作“餼”。《说文》“氣”字下引《春秋传》“齐人来氣諸侯”之“氣”，今本《左传·桓公十年》即作“餼”。

格陵兰岛东南沿海气旋

引自《地球大气中的旋涡 揭秘气象灾害》第72页 徐祥德 李泽椿 柳崇健 主编 科学普及出版社 2013年1月第1版

“氣”用作“云气”之“气”，大概是汉代的事情。清人王鸣盛《蛾术编》就说：“案：‘气’字隶变，以‘氣’代‘气’……‘气’废而不用，而‘氣’字之本义则专用重文‘餼’以当之。”因此，可以看出，与其他的繁简字不同，“气”、“氣”二字的繁简关系非常特殊。严格说起来，它们并非是繁简字关系而是借字与被借字关系：“气”为本字而“氣”为借字。因“氣”字通行而“气”反倒退出了舞台。今天写作“气”，只不过是“恢复其原貌”而已。

“氣”由云气之义又引申为气体的通称。如《庄子·齐物》：“夫大块噫氣，其名为风。”又特指空气。《列子·天瑞》：“天，积氣耳，亡处亡氣。”又引申指呼吸、气息。《玉篇·气部》：“氣，息也。”《广韵·未韵》：“氣，氣息也。”《论

语 · 乡党》:“屏氣似不息者。”又引申为中医用语，指人体内流动着的富有营养、能使各器官正常发挥机能的精微物质。如《史记 · 扁鹊仓公列传》:“太子病，血氣不时，交错而不得泄，暴发于外，则为中害。”

天地之间，唯日为大。或许是因为“氣”字引申指人体之气，所以后世又为天地之气造了几个从日构形的异体字。如“旽”，《玉篇 · 日部》说:“旽，古氣字。”《正字通 · 日部》:“旽，日氣也。”又如“旣”，《正字通 · 日部》:“旣，旽本字。”又如“曔”，《集韵 · 未韵》:“曔，日氣也。古作旣。”《通志 · 氏族略五》:“曔氏，古氣字。”又或从白作“皔”，从白当是从日之讹。《字汇补 · 白部》:“皔，与氣同。抱一子《文始经》注:‘皔，古氣字。’”

“天”是大世界，人是小宇宙。明人宋应星《天工开物 · 论气》说:“天地间非形即气，非气即形。”人又何能例外?

我们说，农事靠“天”，人体靠“气”。这句话应该不错。俗话说:“人活一口气。”汉语中，与人体之气的词语有很多，如，“生气”、“发气”、“气功”等。那么，“气”究竟为何物？有这么一则故事或许可以作答。

话说古时候有一个妇人，特别喜欢为一些琐碎的小事生气。她也知道自己这样不好，便去求一位高僧为自己谈禅说道，开阔心胸。高僧听了她的讲述，一言不发地把她领到一座禅房中，落锁而去。妇人气得跳脚大骂。骂了许久，高僧也不理会。妇人又开始哀求，高僧仍置若罔闻。妇人终于沉默了。高僧来到门外，问她:“你还生气吗?”妇人说:“我只为我自己生气，我怎么会到这地方受这份罪。”“连自己都不原谅的人怎么能心如止水?”高僧拂袖而去。过了一会儿，高僧又问她:“还生气吗?”“不生气了。”妇人说。“为什么?”“气也没有办法呀。”“你的气并未消失，还压在心里，爆发后将会更加剧烈。”高僧又离开了。高僧第三次来到门前，妇人告诉他:“我不生气了，因为不值得。”“还知道值不值得，可见心中还有衡量，还是有气根。”高僧笑道。

当高僧的身影迎着夕阳立在门外时，妇人问高僧："大师，什么是气？"高僧将手中的茶水倾洒于地。妇人视之良久，顿悟。叩谢而去。

"顿悟"，悟出了什么？"气"不是东西！

【时“至”运来】

在中国传统的历法中有“四时八节”之说。所谓“四时”，是指春、夏、秋、冬；“八节”则指立春、春分、立夏、夏至、立秋、秋分、立冬、冬至。这是因为，地球在围绕太阳公转的过程中，会经过一些天文学轨道上的交点，这个时候生活在地球上的人们，既能看到太阳绕着地球运动，也能感受到天文的变化和气候温凉的不同。

中国古人很早就知道，日影的长度与寒暑变化的关系非常密切，也很早就懂得使用圭表测日影的方法，通过测得日影的长短来决定一年的节气时令。正所谓“观天地阴阳之体，以正位辨方、定时考闰，莫近乎圭表。”（《宋史·律历志九》）唐人白居易在其《策林·立制度》中也说：“故作四时八节，所以时寒燠、节风雨，不使之过差为沴也。”“沴”是相害、相伤的意思。

“八节”中的“两至”即夏至、冬至，是古人用圭表测日影最容易测得的两节，因为它们一个是太阳（视）运动到北回归线上，离我们最近，日影最短；一个是太阳（视）运动到南回归线上，离我们最远，日影最长。我国在先秦就已经能够测出"日南至"和"日北至"了。《周礼·大司徒》就说："日南则景（影）短，多暑；日北则景（影）长，多寒。"而在这一长一短的中间就是春分，一短一长的中间就是秋分了。《尚书·尧典》是这样记载"二至二分"的："日中星鸟，以殷仲春；日永星火，以正仲夏；宵中星虚，以殷仲秋；日短星昴，以正仲冬。"所谓"日中"，就是白天和黑夜一样长，这一天就是春分；所谓"日永"，就是白天最长、黑夜最短，这一天就是夏至；所谓"宵中"，就是黑夜和白天一样长，这一天就是秋分；所谓"日短"，就是白天最短、黑夜最长，这一天就是冬至。

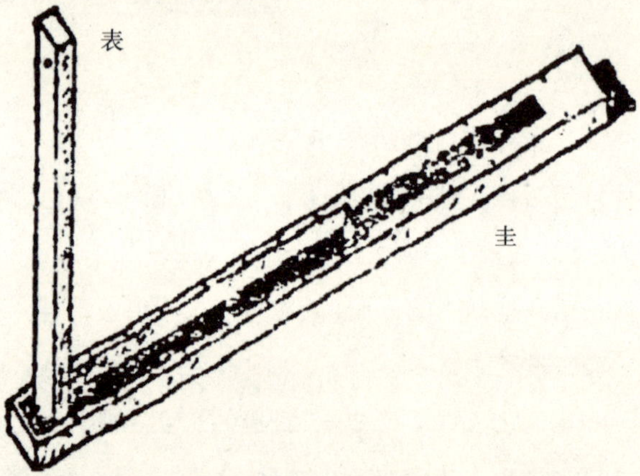

东汉袖珍铜圭表
引自《中国古代天文历法》第44页 李东生 编著 北京科学技术出版社 2009年4月

"至"是到、达到的意思。所谓"夏至"、"冬至"，是表示炎热的夏天和寒冷的冬天快要到来。我国广大地区，最热的月份是7月，夏至是6月22日，表示最热的夏天快要到了，所以称作夏至；我国各地最冷的月份是1月，冬至是

12月23日，表示最冷的冬天快要到来，所以称作冬至。夏至日的这一天白昼最长，而冬至日的这一天白昼最短，所以，古代又将这两天分别称之为“日长至”(日北至) 和“日短至”(日南至)。

“至”的本义是“到”、“达到”，这一点自古至今没有大的变化。如，甲骨卜辞：“丙午卜，己酉雀至。”《论语·子罕》：“凤鸟不至。”《庄子·田子方》：“宋元君将画图，众史皆至，受揖而立。”只是在文字构形上曾有不同的解释。众所周知，“到”是一个比较抽象的概念，对此，古人是通过怎样的文字构形来表现这一抽象意义的呢？

“至”字甲骨文写作、，金文写作、，小篆写作，文字构形基本相似，变化不大，是用一枝箭 (即“矢”) 倒头跌落地面 (一横画) 来示意的。造字之所以以射箭为象，是因为箭射出去之后，必定到达某一点，或者是射中目标，或者就是掉落在地面上。“至”字构形，上面是倒的矢字，下面的一横画表示地面，以箭落地面来表达“到”的概念，足见古人造字之时的煞费苦心和用心之妙。然而，东汉许慎的《说文解字》却是这样解释的：“至，鸟飞从高下至地也。从一，一犹地也。象形。不上去而至下来也。至，古文至。”许慎以“鸟”释“矢”，显然依据的是小篆以后的字形。罗振玉《雪堂金石文字跋尾》就认为，“至”字像矢远来降至地之形，不像鸟形。

“至”字小篆作，与甲骨文、金文基本相同。帛书“至”字作，其形未有大变；然又或作，倒矢之形已经讹变，成为今天楷书“至”的直接源头：上面“矢尾”之形的两画几近直线，是楷书“至”字上部一横画的讹变来源，中间一横画是原表箭头两斜画的形变，与下一横画一起合成了“土”字。

“至”由“到”、“达到”引申而有“达到极点”之义。如《周髀算经》卷下“凡为八节二十四气”赵爽注：“二至者，寒暑之极。”就将“夏至”、“冬至”之“至”释为“极”。《史记·春申君列传》“臣闻物至则反，冬夏是也”张守节

《史记正义》也说："至，极也，极则反也。冬至，阴之极；夏至，阳之极。"又如《国语·越语下》："阳至而阴，阴至而阳。"韦昭注："至，谓极也。"《论语·雍也》："中庸之为德，其至矣乎！"朱熹《论语集注》说："至，极也。"进而又引申形容事物的尽善尽美，犹如说最好的、最高超的、最正确的、最诚挚的、最微妙的意思，如汉语中"至骏"（最好的骏马）、"至德"（最高的道德）、"至理"（最精深的道理）、"至情"（极其真实的思想感情）、"至机"（最紧要的关键）、"至道"（最玄妙精深的道理）、"至人"（超凡脱俗，达到无我境界的人）等词语中的"至"就是这个意思。

中国农业博物馆二十四节气圭表

引自《二十四节气》第6页 董学玉 肖克之 主编 中国农业出版社 2012年6月第1版

说到"至"，汉字系统中与其有着渊源关系的几个字就不得不说说。

先说说"到"字。"到"字未见于甲骨文而见于金文，由金文至楷书，在字形发展演变的过程中，其中还掩藏了一个鲜为人知的"错案"呢。《金文编》就说："人至为到，会意。《说文》'从至刀声'，非。"意思是说，《说文解字》将本是会意字的“到”解释为“从至刀声”的形声字是错误的。这究竟是怎么回事呢？《说文》的说解错在哪里？我们还是先来看看金文“到”字的写法。

“到”字金文写作、，可以看出，构形从人从至而不是从刀从至，怪不得有“人至为到”之说。而《说文解字 · 至部》的解说却这样的：“到，至也。从至，刀声。”原来《说文》的错，就在于误将“人”释作“刀”。

我们都知道，在古文字构形中，左右结构的构件常常易其位而作，如“鵝”，或写作“䳘”，即其例。依照金文的文字构形，今天的“到”字本来应写作“侄”才是。难怪郭沫若先生在其《金文丛考》中就说：“‘侄’乃‘到’之异。古文‘到’字，其见于金文者均从人作。……人形与刀形相近，故后世误从刀作而以为声也。”

这一错案究竟出现于何时，出自何人之手，现已无从考证。何琳仪先生的《战国古文字典》收有“到”字，只是其字形依然沿袭金文从人从至，是“到”字构形将“人”讹作“刀”，应当在战国之后，《睡虎地秦简》中“刀”声之“到”字已多见，或即就是秦汉时期的事情。

《说文》无“侄”字。今天表示“弟兄的儿子或同辈亲戚或朋友儿子”之义的“侄”字，原本写作“姪”，甲骨文作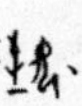、，构形从女从至。据刘志基先生考证，“姪”字的初始之义为春秋之际推行“媵制”这一特殊婚姻制度时，专指随姑一同嫁至夫家的兄之女，所以其文字构形从女从至。《说文解字 · 女部》说：“姪，兄之女也。从女，至声。”而《释名 · 释亲属》解释得更清楚：“姑谓兄弟之女为姪。”《仪礼 · 丧服传》也说：“姪者何也？谓我姑者，我谓之姪。”其后来在字形上以“人”换“女”，则是因“侄”的意义扩大，可统称男女而使然，只是这样一来就与金文中原本从人从至表示“至”义的“侄”成了同形字。

与“侄”(到) 字情形相同的还有一个“致”字。金文有字作、，吴大潡《说文古籀补》就分别释之为“侄”、“致”二字。“侄”与“致”古本一字之繁简异体。“侄”、“致”均以至为声，且从至得义，本来是“至”的同源孳乳字，所以“侄”、“致”之初始均与“至”音义相通。《说文解字·夂部》：“致，送诣也。”“诣”就是前往、到的意思。《玉篇·夂部》也说：“致，至也。”《庄子·外物》：“天地非不广且大也，人之所用容足耳；然则厕足而垫之致黄泉，人尚有用乎？”唐陆德明《经典释文》云：“致，至也。本亦作至。”何琳仪先生《战国古文字典》“致”字下就说：“致，金文作(伯致毁)。从人，至声。侄之异文(偏旁位置不同)。或作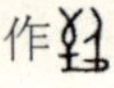(伯致尊)，突出人形之足。或讹作攴形。小篆省人形而存其足(夂)，则分化为致。”

“侄”(到)字由抵达、达到之义引申有颠倒、倒回之义。这一意义，后来就写作“倒”。如《墨子·经下》：“临鉴而立，景到。”孙诒让《墨子间诂》说：“毕云：‘即今影倒字。’”而“致”则由达到、送到之义引申有招引、引来之义。清段玉裁《说文解字注》“致”下注云：“致，引申为招致之致。”如《周易·需卦》：“需于泥，致寇至。”王弼注：“招寇而致敌也。”随着词义的引申发展，“至”、“侄”(到)、“致”诸字的字用逐渐就有了更大差异。

在传统的“八节”之中，中国古人似乎更青睐冬至。所以，在中国传统的文化中，冬至，既是中国农历中的一个重要节气，也是中华民族的一个传统节日，有“冬节”、“长至节”、“亚岁”之俗称，也素有“冬至大如年”的说法。

冬至之所以倍受古人重视，原因大致有三：一、冬至是古人用圭表观测太阳最容易测定，也是最早测定的一个节气，是后来二十四节气产生的基础；二、回归年，古人称之为“岁实”，就是以太阳连续两次通过冬至点所需要的时间间隔为纪；三、恐怕更主要的是还是因为，在中国传统的阴阳五行理论中，冬至是阴阳转化的关键节气。这一天，阴气至盛，盛极而衰，而阳气始起，日渐强盛，所谓“物极必反”、“否极泰来”，是一个大吉大利的日子。《汉书》

就有记载说："冬至阳气起，君道长，故贺……"这一天，官府也要举行祝贺仪式，称之为"贺冬"。《后汉书》中有这样的记载："冬至前后，君子安身静体，百官绝事，不听政，择吉辰而后省事。"所以这一天朝廷上下要放假休息，军队待命，边塞闭关，商旅停业，亲朋各以美食相赠，相互拜访，欢乐地过一个"安身静体"的节日。

这一习俗，到了唐宋时期更盛，甚至以冬至和岁首并重。南宋孟元老《东京梦华录》就记载说："十一月冬至。京师最重此节，虽至贫者，一年之间，积累假借，至此日更易新衣，备办饮食，享祀先祖。官放关扑，庆祝往来，一如年节。"

现如今，冬至节日虽不及古人热闹，庆贺的形式上也多有不同，并且经过了数千年的发展，各地形成了独特的节令饮食文化。但有一点是与古人一致的，在并不热闹的冬至日，祈盼的依然是：时"至"运来！

【平“分”秋色】

二十四节气中有两个“分”，即春分与秋分，分是平分的意思。这里的“平分”，有两层含义：一是表示昼夜平分。这两天太阳光直射在赤道上，各地昼夜相等，平分了一天，所以，古代又统称为“日夜分”，也叫“日中”。《左传 · 庄公二十九年》：“凡马，日中而出，日中而入。”杜预注：“日中，春、秋分也。”孔颖达疏：“中者，谓日之长短与夜中分，故春秋二节谓之春分、秋分也。《释例》曰：春秋分而昼夜等，谓之日中。”第二层含义是“春分”、“秋分”这两个节气又正好处在立春与立夏、立秋与立冬的中间，把春季与秋季各分为两半。

“昼夜平分”也好，“季节平分”也罢，显然都是“老天爷”的安排而非地球上的人类所为，因而自然就不可能是“分”字的本形本义。

说到“分”字，无论是构形还是字义，都是汉字系统中，文字学家很少有争议的一个字。《说文解字》中对“分”字的说解是：“，别也。从八，从刀，

刀以分别物也。”“分”字的出现很早，甲骨文写作，金文写作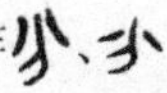。可以看出，从甲骨文到金文，乃至小篆，“分”字的形体几乎无变化，只是对其构形分析有会意、形声之分歧，马叙伦先生就认为“分”字应该是从刀、八声。马先生的说法是有道理的。查郭锡良先生的《汉字古音手册》，知“八”字古音为帮母质部，“分”字古音为帮母文部，二字双声，韵为阳入对转，古音相同或相近；“分”应当是会意兼形声字。除此之外，许慎“从八，从刀，刀以分别物也”的构形分析基本上是没有什么大问题的。

春分祭日坛
引自《二十四节气》第 18 页 董学玉 肖克之 主编 中国农业出版社 2012 年 6 月第 1 版

农民画《春分》
引自《二十四节气》第 19 页 董学玉 肖克之 主编 中国农业出版社 2012 年 6 月第 1 版

其实，如果究其本原，“分”与“八”字还有着非常渊源的关系呢，这不仅仅是因为在“分”字的构形中“八”既表声又会意。

“八”字的甲骨文作)(、)(，金文作八、)(，字形均像两条相背的弧线，小篆作)(，与甲骨文、金文一脉相承。《说文解字》的说解是这样的：“八，别也。象分别相背之形。”许慎以“别也”既释“分”也释“八”，足见“分”、“八”二字之关系。

而所谓的“别”，就是“分”。《广雅·释诂一》就说：“别，分也。”今天汉语中依然有“分别”一词，为同义词连用。《说文》有“㓷”无“别”，从字形上似乎看不出“㓷”与“分”字的联系，然而，许慎的说解是这样的：“㓷，分解也。从冎，从刀。”即以“分解”释“㓷”，所以，段玉裁就注解说：“分别、离别皆是也……冎者，分解之皃（貌）；刀者，所以分解也。”《正字通·刀部》的说解则更为简洁明了：“㓷，别本字。”

有意思的是，《说文》虽未收“别”字，但却收了一个“别”字古文异体，这一古文异体的构形很能说明问题。《说文·八部》说：“㕣，分也。从重八。八，别也，亦声。”既有“㕣，分也”的说解，又有“八，别也”的释义，这四字的关系一目了然。随后许慎又引用了《孝经说》中的“故上下有别”作为其说解的佐证。值得注意的是，在其所引的文献中，字是写作“别”，而其说解的文字却写“㕣”，如此处理，无非就是想说明这样一个问题：后世文献中的“别”字，古文本应写作“㕣”。所以，后来的《玉篇·八部》就直接说：“㕣，古文别。”

“八”与“分”、“别”、“㕣”诸字在形、音、义上千丝万缕的联系，种种迹象只指向一点：“八”是“分”、“别”、“㕣”诸字之原。所以，林义光《文源》就说：“八、分双声对转，实本同字。”高鸿缙《中国字例》进一步申述其意：“林说是也。八之意本为分，取假象分背之形，指事字，动词，后世（殷代已然）借用为数目八九之八。久而不返，乃加刀为意符（言刀所以分也）作分，以还其原。殷以来两字分行，鲜知其本为一字矣。”马叙伦先生认为，不仅“八”是“分”的本字，而且“分”为“别”之初文，“‘别也’者，以异文相释。”诸位古文字学家的意思，用现代的话说，就是：“八”与“分”是一组古今字，“八”是古字，而“分”是后起的今字，是在古字“八”的基础上增加形符“刀”而构成的形声字。

风俗画《秋分祭月图》
引自《二十四节气》 第52页 董学玉 肖克之主编 中国农业出版社 2012年6月第1版

农民画《秋分》
引自《二十四节气》 第50页 董学玉 肖克之主编 中国农业出版社 2012年6月第1版

“八”字的“分”义，我们还可以从《说文》对一些相关文字的构形分析中得到进一步的证实。如“平”字的说解：“语平舒也。从亏从八。八，分也。”“龹”字的说解：“赋事也。从类从八。八，分之也。八亦聲。”“介”字的说解：“放也。从大而八分也。”“公”字的说解：“平分也。从八从厶。八犹背也。”“半”字的说解：“物中分也。从八从牛。牛为物大，可以分也。”一些《说文》未收的以“八”为声的后起形声字，如“扒”字，也能佐证“八”的“分”义。《广雅·释言》说：“扒，擘也。”王念孙《广雅疏证》：“擘，分也。扒之言别也。捌与扒同。《说文》：‘八，别也。’义与扒亦相近。”

“八”的“分”义还遗存在某些方言之中。段玉裁《说文解字注》“八”字下就说：“今江浙俗语以物与人谓之八，与人则分别矣。”

十分遗憾的是，甲骨文、金文中的“八”字虽然屡见，却尚未见有用其本义者，而都是用其引申义。换句话说，作为独立的文字符号而非文字构件，“八”字除用作数目字外，在传世文献乃至出土的文献中，已经不再承担记录其本义“分”的职责而由后起“分”字全权负责。据张世超等《金文形义通解》，金文中的“八”字的字用有三：一是数词；二是序数；三是“八自(師)”，即西周军队名称。《汉语大字典》、《汉语大词典》中的情形相同。

“八”字的本义只寓于古文字字形之中，无古文字则无法明了其“分”之义；而有关其本义的确切例证却又散见于与之相关的文字构形及传世文献的说解之中，没有这些亦无法证明其本义。唯有将古文字资料与传世文献结合起来研究，方能互为补充，得出正确的结论。这恐怕是“八”、“分”、“别”、“穴”诸字传递给我们的更为重要的信息。

我们说，“八”与“分”是一组古今字，因“八”借用为数目字后，其本来的“分”义就由后起“分”字全权承担。其实，在汉字系统中，类似“八”、“分”情形的文字现象不在少数，“七”与“切”即其一例。

“七”，甲骨文作，金文作，与今天的八九十的“十”相同。为了与“十”相区别，战国时期楚竹简中的“七”写作，字形开始有了变化，一竖已写成了竖曲，后小篆又写成了。《说文解字·七部》：“七，阳之正也。从一，微阴从中衺出也。”许慎依据小篆作解，字形分析显然不正确。《玉篇·七部》：“七，数也。”又，《刀部》说：“切，刌也。从刀，七声。”“刌，切也。从刀，寸声。”关于“七”、“切”二字的关系，丁山先生的分析是很有道理的，他在《数名古谊》中说：“七之见于卜辞、金文者，通作十……考其初形，则七即切字……十本象当中切断形，自借为七数专名，不得不加刀于七，以为切断专字。”

有这么一则对对联的故事，或许可以帮助我们更好地理解“八”与“分”、“七”与“切”之间文字构形关系。

相传明代文学家蒋焘，小时聪明伶俐，才思过人。有一次，他父亲的朋友来家做客，故意出了个拆字联考他，出句是：“冻雨洒窗，东二点，西三点。”“冻”“洒”两字，正好是东从二点，西从三点。蒋焘对出的对句是：“切瓜分客，上七刀，下八刀。”“切”、“分”两字的构形，正好一个是“七”与“刀”，另一个是“八”与“刀”。这个对句，无论是对法，还是意思，乃至拆字，都对得妙极了。

或许正是因为“七”和“八”的特殊关系，这两个字常常连在一起构词。汉语中由“七”“八”构成的词语可谓是不胜枚举，并且因为“七”、“八”二字的本义均与切割、分别相关，所以由其组成的词语多带有“零乱”、“杂碎”、“混乱”等意思。如：“七七八八”犹言零零碎碎，各式各样；“七上八下”是形容无所适从或心神不定，或形容零落不齐或纷乱不齐；“七嘴八舌”是形容人多语杂；“乱七八糟”，亦作“乱七八遭”，是说混乱的样子；“横七竖八”是说纵横杂乱的样子；“七零八落”是指散乱、不整齐的样子或破败、破残的样子；“零七八碎”是说零碎而纷乱；“七手八脚”是指动作忙乱的样子；“七拼八凑”

是说把零碎的东西勉强拼凑起来，亦指胡乱凑合；“杂七杂八”是形容不纯而杂乱，亦写作“杂七夹八”、“杂七麻八”。其他的如：七损八益、七零八碎、七老八十、七颠八倒、七言八语、七死八活、七子八婿、七折八扣、夹七夹八、七横八竖、七棱八瓣、七满八平、七纵八横、七弯八拐、七高八低、乌七八糟、七歪八扭、七青八黄、七弯八拐、七拱八翘、七长八短、七湾八扭、七捞八攘、七开八得、七大八小、七郤八手、七穿八洞、七担八挪、七支八搭、七男八婿、七断八续、七搭八搭、七上八落、歪七竖八、七足八手、七步八叉、七窝八代、七搭八扯、七病八痛、七慌八乱、七了八当、七老八倒、七病八倒、七事八事、七损八伤、七张八嘴、七推八阻、七拉八扯、七口八嘴、七手八脚、七破八补、七穿八烂、七疮八孔、乌七八糟等，几乎没有“好”的词语。

“分”承担了“八”字“分开”、“分割”的本义，又衍生发展出许多引申义，历法中的“春分”、“秋分”之“分”即其引申义之一。《左传·僖公五年》：“凡分、至、启、闭，必书云物。”杜预注：“分，春、秋分也。”孔颖达疏：“春之半，秋之半，昼夜长短等，昼夜中分百刻，故春、秋之半称春、秋分也。”

“分”由动词又引申为名词，字的读音也发生了相应的变化，由动词fēn变为名词fèn，词义也由“分开”、“分割”引申而为所分之物，即整体中的一部分。清人徐灏《说文解字注笺》就说：“分，分物谓之分，平声；言其所分曰分，去声。此方言轻重之分。”名词fèn这一意义后来也写作“份”。如：“股分”今写作“股份”；“部分”或写作“部份”。这就与本为“文质彬彬”的“份”构成了同形字。《说文解字·人部》说：“份，文质僣也。从人，分声。《论语》曰：‘文质份份。’彬，古文份从彡、林。林者，从焚省声。”这一意义的“份”今写作“彬”，读音为bīn。

现代汉语中，做名词用的“分”，什么时候该写作“份”，什么时候不该写作“份”，恐怕还真的需要分辨分辨，做好自己“分”内之事。

从用字规范的角度上说，应该用“份”的大致有五种情况：一是用作量词，如一份礼物、两份文件、这份材料、那份报纸；二是用在省、县、年、月后面，表示划分的单元，如省份、县份、年份、月份；三是指整体中的一部分，如股份、份额，送礼的“份子”；四是单独使用，意为程度、地步，如“事情闹到了这份上”；五是个别约定俗成的用法，如“身份”，目前大家已经接受并习惯了“身份证”的说法，让其再回到原来的“身分”，似乎不太现实。

应该继续用“分”的，大致也有三种情况：一是指成分，即构成事物的因素，可以是自然形态的，如盐分、水分、养分，也可以是人文形态的，如情分、缘分、福分；二是指地位、职责、权利的范围和限度，如分内、分外、安分守己、恰如其分；三是用于“分子”一词，指属于一定阶段、阶层、集团或具有某种特征的人，如知识分子、骨干分子。

一般情况是如此，但也有特例。如，“部分”之“分”似应写作“份”，但现在大家还是习惯写作“部分”而不作“部份”。

【“端”本澄源】

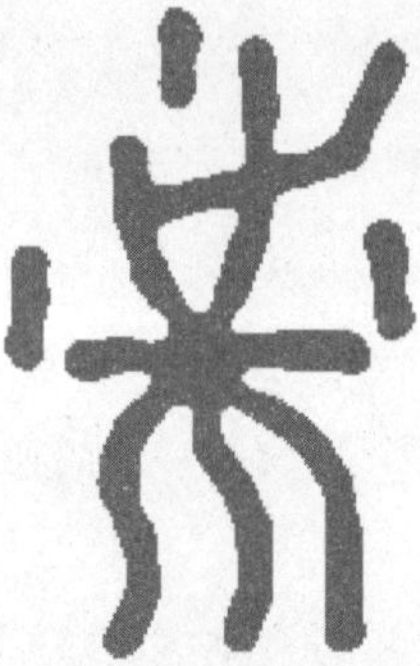

节分端午自谁言，万古传闻为屈原。
堪笑楚江空渺渺，不能洗得直臣冤。
——唐·文秀《端午》

农历的五月初五，是中国民间古老的传统节日——端午节。端午节，与春节、中秋节一道并称为中国传统节日当中最为隆重的三大节日。有人就曾经呼吁以端午节为中国民族节日的代表，足见其在中国传统节日当中的重要性。

按照闻一多先生的考证，端午节是“和中国人民一样的古老”。大约战国以后，它才固定在农历五月初五。农历的五月在十二地支中属午，所以又称端午节、重午节或重五节（古时候“午”与“五”相通）。据说到了唐代，因唐玄宗八月初五生，为避“五”字之讳，“端五”便正式由“端午”取而代之了。

端午节的名称繁多。据统计端午节的名称叫法达二十多个，如有端五节、端阳节、重五节、重午节、天中节、夏节、五月节、菖节、蒲节、龙舟节、浴兰节、屈原日、午日节、女儿节、地腊节、诗人节、龙日、午日、灯节、五蛋节等。

端午节观竞渡
引自《二十四节气》 第96页 董学玉 肖克之 主编 中国农业出版社 2012年6月第1版

“端午”之“端”似有不同的解释。如，唐人李匡乂《资暇集·端午》：“端午者，案周处《风土记》：‘仲夏端五，烹鹜角黍。’端，始也。谓五月初五日也。今人多书‘午’字，其义无取焉。余家元和中端五诏书并无作‘午’字处。”“端”作“始”解。杜甫《端午日赐衣》仇兆鳌详注云：“五月建午，故曰端午。端，正也。”“端”又作“正”解。那么，这个“端”字到底该作何解释呢？说到了“端午节”，自然就得说说“端”字。

“端”字的出现应该是比较晚的事情。字未见于甲骨文、金文，而始见于战国晚期及秦始皇时期的睡虎地秦简，写作、，构形从立从耑，当为小

端午节裹角黍

引自《二十四节气》 第 96 页 董学玉 肖克之 主编 中国农业出版社 2012 年 6 月第 1 版

端午节挂艾蒿

引自《二十四节气》 第 97 页 董学玉 肖克之 主编 中国农业出版社 2012 年 6 月第 1 版

篆所本，均属秦系文字。《说文解字 · 立部》说："端，直也。从立，耑声。"

"端"的古字本来写作"耑"。"耑"字的出现很早，甲骨文写作、，金文写作、、，小篆写作，古今构形一脉相承。《说文解字 · 耑部》："耑，物初生之题也。上象生形，下象其根也。”罗振玉《增订殷虚书契考释》：“卜辞耑字增象水形，水可养植物者也。从象植物初茁渐生歧叶之状。”戴稼祥先生《金文大字典》说：“耑上从为植物之颠，下从为根，中一为地，故知耑为端之本字。或训本，或训末，兼有两端之义。”

由此可知，“耑”、“端”为一组古今字。“耑”为古字，而“端”为后起会意兼形声字。“端”字出现后就渐渐地全部承担起“耑”字的原先职责，而“耑”字在后来岁月中也就渐渐地淡出了“江湖”。所以，徐锴《系传》“耑”字下就说：“题犹额也，端也，古发端之耑直如此而已。”《玉篇 · 耑部》说：“耑，今为端。”段玉裁“耑”字下注云：“古发端字作此，今则端行而耑废，乃多用耑为专矣。”

先秦两汉之前的文献中，“耑”、“端”二字还常常出现混用现象。如《周礼 · 考工记 · 磬氏》：“已下则摩其耑。”唐陆德明《经典释文》：“耑，本或作端。”孙诒让《周礼正义》云：“耑、端古今字。”又，《汉书 · 艺文志》“言感物造耑”颜师古注：“耑，古端字也。”《论语 · 为政》“攻乎异端”刘宝楠正义：“今经典多叚端为耑。”段玉裁“端”字下注云：“端，用为发耑、耑绪字者叚借也。”（今写作“发端”、“端绪”之“端”，字均本当作“耑”）《史记 · 天官书》“随北端兑”司马贞《史记索隐》：“《汉书 · 天文志》端作耑。”

关于“耑”字的形义，《金文形义通解》作了很好的考证，其语云：“甲骨文有、、等形……、、乃足趾之象形，于此则表植物向上或向下之生长态势。，象萌发后向上初生之茎叶，，象萌发后向下之伸展之根须。中部或有一横线，殆象地表也。先民既以植物向上向下初生之运动态势象发端之意，则许慎所解是也。甲骨文所见诸小点或谓土之颗粒形。”

“端”既为“耑”字的后起今字，其本义就当与“耑”相同，为“始”、“头”

等之义。《集韵·桓韵》就说："端，始也。"《篇海类编·人事类·立部》也说："端，首也。"《礼记·礼运》："故人者，天地之心也，五行之端也。"孔颖达疏："端，犹首也。"

又引申为有事物的一头或一方面。如，《礼记·中庸》："执其两端，用其中于民。"明方孝孺《答王秀才书》："凡文之为用，明道立教，二端而已。"清纪昀《阅微草堂笔记·泺阳续录三》："天下之理无穷，天下之事亦无穷，未可据其所见，执一端论之。"

又引申为有边际，头绪之义。如，《方言》卷十："緤，绪也。南楚皆曰緤，或曰端。"《广韵·桓韵》："端，绪也。"《庄子·秋水》"顺流而东行，至于北海，东面而视，不见水端"成玄英疏："不见水之端厓。"《后汉书·赵咨传》"反素复始，归于无端"李贤注："端，际也。"

许慎《说文》以"直也"训释"端"，显然是其远引申之义。这一意义较为抽象，不可能是其字的本义。《广雅·释诂一》："端，正也。"《礼记·玉藻》"端行，颐霤如矢"郑玄注："端，直也。"孔颖达疏："端行，谓直身而行也。"《荀子·成相》："水至平，端不倾。"《史记·秦始皇本纪》："畏忌讳谀，不敢端言其过。"又指人的品行端庄正直。《孟子·离娄下》："夫尹公之他，端人也，其取友必端矣。"赵歧注："端人，用人不邪辟。"《淮南子·主术》："其民朴重端悫。"高诱注："端，直也。"

"端"字引申而有"正"、"直"之义，或许与古代的避讳有关。

"端"之本义为"始"。农历的一月叫"正月"，也叫"端月"。《史记·秦楚之际月表》："(二世二年) 端月。"司马贞《史记索隐》："二世二年正月也。秦讳'正'，故云端月也。" 宋人孔平仲《孔氏谈苑·端月》也说："仁宗朝，王珪上言，请以正月为端月，为与上名音近也。"后世或沿用这一说法，谓"正月"为"端月"。如前蜀杜光庭《普康诸公主为皇帝修金箓斋词》："今以时当端月，节遇正阳。”不仅如此，进一步延伸，农历的正月初一日或就叫“端日”。如，《岁华纪丽·元日》“八节之端”明胡震亨注云：“又云端日，谓履端者也。”或许即因此，“端”字引申而有了“正”、“直”之义。

含有数字“五”的甲骨文拓片

引自《卜辞通纂》第三十四片 第6页 郭沫若著 科学出版社 1983年6月第1版

在后世的构词过程中，“端”字“正”、“直”之义则成为常见之义了。“端”不仅与“正”、“直”联合构成了“端正”、“端直”，而且在与其他字构词时多数情况下都可解作“正”、“直”。如，“端门”指宫殿的正南门；“端相”即正视、细看；“端庄”即端正庄重；“端容”即正容、敛容；“端理”即正直；“端爽”即正直爽朗；“端敏”即正直聪敏；“端伟”即端正魁伟；“端淑”即端正美好；“端然”即端正、不偏斜貌；“端道”即正道；“端称”即端正合适；“端确”即正确；“端谅”即正直诚信；“端方”即庄重正直；“端平”即公正允当，或整理统一；“端行”即直身而行，或端正其行为；“端志”即正直的志趣；“端坐”即安坐、正坐；“端言”即正言、直言；“端明”即正直聪明；“端人”即正直的人；“端士”即端人，等等。大概就是因为这个原因，所以“端午”之“端”或释为“正”。

既然“端午”又叫“端五”，这里就顺带说“五”、“午”二字的关系。

“五”字，甲骨文写作、。《说文解字·五部》：“五，五行也。从二。阴阳在天地间交午也。乂，古文五省。”许慎“五”的形义说解不确。小篆作，《说文》“五”字古文作，与甲骨文一脉相承，隶变后作“五”。林义光《文源》说：“五，本义为交午，假借为数名。二象横平，×象相交，以二之平见×之交也。”朱芳圃《殷周文字释丛》说：“×象交错形，二谓在物之间也。当以交错为本义。自用为数名后，经传皆借午为之。”

而“午”字，本义为纵横相交。《玉篇·午部》说：“午，交也。”《周礼·秋官·壶涿氏》“壶涿氏掌除水虫……若欲杀其神，则以牡橭午贯象齿而沈之”贾公彦疏：“以橭为榦，穿孔，以象牙从橭贯之为十字，沈之水中。”孙诒让《正义》说：“段玉裁云：古文‘五’作‘×’，则尤一纵一横之状。”《仪礼·大射》：“若丹若墨，度尺而午。”郑玄注：“一纵一横曰午，谓画物也。”

“五”、“午”均属疑母鱼部字，古音相同。二字的字义又相互交织，所以，古文献中常常互用。如，《周礼·秋官·壶涿氏》“则以牡橭午贯象齿而沈之”郑玄注：“故书午为五。”孙诒让《正义》则说：“五、午一字，古音义皆同。”《仪礼·大射仪》“度尺而午”胡培翚《正义》：“午与五声同，古相通用。一从一横曰午，正五字古文之形也。”《廿二史考异·魏书二》“仵城郡、萧衍置，魏因之”钱大昕按：“《隋志》，城阳县有梁置伍城郡，即此仵城也。五与午古字通。”均可证。所以，“端五”也即“端午”。今天用“端午”，或许更多的只是习惯的沿袭。

〖寒来“暑”往〗

空山暑气少，临水夏云多。

照影人将老，愁心在夕波。

——明·高叔嗣《至苏门山》

二十四节气中有三个“暑”，即“小暑”、“大暑”与“处暑”。“暑”就是“热”的意思，而“大”、“小”则为形容词，指热的程度；“处”是“止”的意思，表示暑天结束，气温开始下降。孔颖达疏云：“处暑，暑将退伏而潜处。”

“小暑”、“大暑”，这两个节气同在一个月，即公历的7月。小暑，大约是公历的7月7日或8日，这时天气开始炎热，但还不到最热的时候。大暑，大约是公历的7月23日或24日，是一年中天气最热的一段时间，所以叫做大暑。《礼记·月令》“孟春之月……东风解冻”孔颖达疏就说：“谓之小暑、大暑者，就极热之中，分为小大，月初为小，月半为大。”

小暑

引自《二十四节气常识一本通》第187页 张超 编著 中国纺织出版社 2012年10月第1版

上引诗中的“暑气”，意思就是盛夏时的热气。相信读者朋友都会有这种感受，每逢赤日炎炎、酷热难忍之时，我们会说“暑气熏蒸”或“暑气逼人”。而这个时候，如果能够来上一杯冰镇饮料，哪怕是感受一下冰块的凉气，也可以算得上人生的一大享受。这种体会，古今一致。《周礼·天官·凌人》“夏颁冰掌事”汉人郑玄注就说：“暑气盛，王以冰颁赐，则主为之。”

五代王仁裕《开元天宝遗事·冰山避暑》：“杨氏子弟每至伏中，取大冰使匠琢为山，周围于宴席间。坐客虽酒酣，而各有寒色。”

老舍先生的《四世同堂》也说：“会享受的人，屋里放上冰箱，院内搭起凉棚，他就会不受到暑气的侵袭。”

有人就依据楷体字的结构，将“暑”字从上到下拆分成“日”、“土”、“日”来理解，表示夏季土地的上下都非常炎热，如同上、下有两个太阳在蒸烤，也因此民间谚语就有“小暑、大暑，上蒸下煮”之说。这种字形结构的分析，虽不甚合理，倒也非常形象。汉人刘熙的《释名·释天》就说：“暑，煮也，热如煮物也。”

说到“暑”字，无论是构形还是字义，都是没有争议的一个字。查《汉语大字典》，“暑”字的义项也仅有两项：一是炎热，炎热的季节；二是中医学病因“六淫”之一，以为暑是阳邪，多在夏季致病。这两个义项合并起来，实际上就是一个：“暑热”。“暑”字在2009年8月教育部、国家语委组织研制（公布）的《通用规范汉字表（征求意见稿）》中属一级字表。在一级字表中类似“暑”字现象的字例应该是不多见的。

“暑”字的出现较晚，从现有的古文字材料来看，始见于战国时期。战国楚竹简“暑”字写作、，构形均从日从者，只是构件的位置有左右、上下之别。古文字构形常左右、上下不分。战国楚简中左右结构的“暑”字，可隶定为“睹”，但与后世的“睹”字非一字而当属于同形字。《说文解字·日部》说：“睹，旦明也。从日，者声。”“睹”即“曙”之异体。段玉裁注云：“许书有睹无曙，而《文选·魏都赋》、谢康乐《溪行诗》李注并引作曙。古今字形异耳。许本作睹，后乃变为曙。署亦声也。”

睡虎地出土秦简中的“暑”字写作，为小篆所本，均属秦系文字。《说文解字·日部》：“暑，热也。从日，者声。”

“暑”字构形从日从者。“日”，即太阳。“者”字，《金文形义通解》说“此字构字之意不明”，并指出金文中常用同“诸”，其语云：“(作) 形容词，义为众，典籍作‘诸’。彝铭中‘者厌 (侯)’、‘者父’、‘者兄’、‘者子’、‘者老’、‘者士’、‘者尹’等语之‘者’，皆用为‘诸’。”“‘者侯’，典籍作‘诸侯’，天子所封国之国君，爵有等，然统称之诸侯。”“‘者父’：典籍作‘诸父’，谓同宗族之伯叔辈也。”“‘者老’：犹‘诸父’也。”“‘者士’：犹‘多士’，次于大夫之士。”“者尹：即百官。”“者旨：氏名，典籍作‘诸稽’，为祝融八姓之一彭姓之后。”

传世文献中也不乏“者”用同“诸”之例。如，《诅楚文》：“卫者侯之兵以临加我。”《盐铁论 · 散不足》：“者生无易由言，不顾其患，患至而后默，晚矣。”王利器校注：“者、诸古通用。”清人王引之《经义述闻 · 左传上 · 藐诸孤》就说：“者与诸古字通。”《大戴礼记 · 卫将军文子》“道者孝悌”孔广森补注：“者，读为诸，古音相近通用之。”

从这个意义上说，我们或许可以这样认为，“者”、“诸”是一组古今字：“者”字虚化之后，其原先的职责就由后起的“诸”字全权负责。

“暑”字构形从“者”，疑即取其“众”、“多”之义。太阳通常是带给人们以温暖，然而，无论是“太阳”过多还是提供的“热量”过多，都易成“暑”。后羿射日的神话故事，或许就是产生于“夏”季，因太阳“过多”而将多余之“日”射下。《淮南子 · 本经训》将后羿射日的故事作了总结：“逮至尧之时，十日并出，焦禾稼，杀草木，而民无所食。猰貐、凿齿、九婴、大风、封豨、修蛇皆为民害。尧乃使羿诛凿齿于畴华之野，杀九婴于凶水之上，缴大风于青丘之泽，上射十日而下杀猰貐，断修蛇于洞庭，擒封豨于桑林。万民皆喜。置尧以为天子。”后羿射日的神话故事或许为我们理解“暑”字构形提供了证据。

“暑”与“热”是同义词。清人段玉裁就说：“暑与热，浑言则一，故许以热训暑；析言则二，……暑之义主谓湿，热之义主谓燥。”在古文献中，“暑”字似乎只作这一种解释。如，《正字通 · 日部》说：“暑，夏日气热也。”《论语·乡党》“当暑，缜絺绤”皇侃疏：“暑，热也。”《素问·骨空论》“立而暑解”王冰注：“暑，热也。”《素问·五运行大论》“其性为暑”王冰注：“暑，热也，心之气性也。”《玉篇·日部》《广韵·语韵》均说：“暑，热也。”个别文献用例中，甚至径直将“暑”引作“热”。如，《管子·匡乘马》“使农夫寒耕暑耘”《管子集校》引孙星衍云：“艺文类聚五，太平御览二十四引暑俱作热。”

大暑喝羊汤（鲁南地区风俗）

引自《二十四节气》 第40页 董学玉 肖克之 主编 中国农业出版社 2012年6月第1版

如果非要加以分辨，那么“暑”与“热”的区别就在于：“热”是一般的热，而“暑”则是热之极。《尚书·洪范》“曰雨曰旸”孔颖达疏就说：“暑是热之极。”

“暑”和“热”的情形正好与其反义词“寒”和“冷”的情形是相同的。

“寒”即“冷”，“冷”亦即“寒”，是一组同义词。《说文解字·仌部》说：

"冷，寒也。从仌，令声。"又说："寒，冻也。从人在宀下，以茻荐覆之，下有仌。"从茻与从艸同义，仌即冰之古文。段玉裁"寒"字下注云："冻当作冷。"如果需要分辨，"寒"与"冷"的区别就在于："冷"是一般的冷，而"寒"则是冷之极。《尚书·洪范》"曰燠，曰寒"孔疑达疏："寒是冷之极。"

或许是因为这个原因，我们通常比较习惯的用法是"寒暑"相对、"冷热"相对，在语言使用的过程中，就常常是"暑""寒"相对而出现、"热""冷"相对而出现。如，《易·系辞上》："日月运行，一寒一暑。"《易·系辞下》："寒往则暑来，暑往则寒来，寒暑相推而岁成焉。"《列子·汤问》："寒暑易节，始一反焉。"《淮南子·人间》："冬日则寒冻，夏日则暑伤。"宋文天祥《正气歌》："如此再寒暑，百沴自辟易。"

在构词的时候，"暑"与"寒"总是相对，而"热"、"冷"总是相对。如："寒来暑往"，亦作"寒往暑来"；"寒耕暑耘"，冬耕地，夏锄草，泛指做各种农活；"暑雨祁寒"，意即夏大雨，冬大寒；"寒暑"即寒冬暑夏，也常指代一年。又如，"冷言热語"，犹冷言冷语。"冷热"即冷和热。"冷嘲热骂"，意为尖刻的嘲笑和谩骂。"冷嘲热讽"，意为尖刻的嘲笑和讽刺。

不仅如此，在实际的使用过程中，"暑"字又常常与"夏"字义同。如："暑天"即夏天，指夏季炎热的日子；"暑月"即夏月，约相当于农历六月前后小暑、大暑之时；"暑伏"即夏季伏天；"暑衣"即夏衣；"暑夜"即炎夏之夜；"暑晏"即夏晚；"暑气"即盛夏时的热气；"暑假"即（学校）夏季的假期，一般在公历七八月间；"暑溽"是谓夏季潮湿闷热；"暑绤"即夏天所穿的粗葛布衣；"暑簟"即夏日用的竹席，等。在上述的词语中，"暑"字好像就是"夏"字的代名词，"暑"似有取代"夏"字之趋势。

"暑"字的这一现象，其实早在上古时代就已出现。何琳仪先生《战国古文字典》就说："《寿春鼎》'暑官"，疑与"夏官"有关。"所谓"夏官"，即周朝的六官之一。《周礼》以天官冢宰、地官司徒、春官宗伯、夏官司马、秋官司寇、冬官司空分掌邦国之政，总称六官或六卿。“暑”字古音属书母鱼部，“夏”字古音属匣母鱼部，二字韵部相同，古音相近。“暑”、“夏”二字间的关系，或许就是缘于“音近而义通”？这不是没有可能。

【岁时“伏”腊】

平生三伏时，道路无行车。闭门避暑卧，出入不相过。
今世褦襶子，触热到人家。主人闻客来，颦蹙奈此何。
谓当起行去，安坐正跸跨。所说无一急，沓沓吟何多。
疲瘠向之久，甫问君极那。摇扇臂中疼，流汗正滂沱。
莫谓此小事，亦是人一瑕。传戒诸高朋，热行宜见诃。

——晋·程晓《嘲热客》

据说美国第39任总统卡特卸任后，在1981年8月24日来到北京。此时的北京正值盛夏，卡特一下飞机便念了上引诗中的两句：“今世褦襶子，触热到人家。”卡特以“褦襶子”自喻，颇有些自嘲意味。诗中的“主人闻客来，颦蹙奈此何”这两句，倒是比较符合此时卡特的身份：已经不再担任总统了，还来麻烦主人，很不好意思啊。

“褦襶”，音 nàidài，本来是指夏天遮日的凉笠。清人郝懿行《证俗文》卷二：“褦襶，《潜确类书》：即今暑月所戴凉笠，以青缯缀其襜，而蔽日者也。”引申比喻愚蠢，不晓事。《字汇补 · 衣部》说：“炎暑戴笠见人，必不晓事，故字书以此义释之。”《古文苑 · 程晓〈嘲热客〉》章樵注：“褦襶，音耐戴，言不爽豁也。”“不爽豁”就是不晓事之义。

莲塘纳凉图（清 金廷标 绘）

引自《二十四节气》 第37页 董学玉 肖克之 主编 中国农业出版社 2012年6月第1版

按照中国传统的说法，一年中最热的时候叫伏天。“伏”就是避匿的意思。因为天气太热，人们需要隐伏以避盛暑。这种隐伏以避盛暑的风俗，传说源自秦。《史记 · 秦本纪》说：“(德公) 二年，初伏。”南朝宋裴骃《史记集解》引孟康曰：“六月伏日初也。周时无，至此乃有之。”唐张守节《史记正义》说：“六月三伏之节，起秦德公为之，故云‘初伏’。伏者，隐伏避盛暑也。”

一年中最热的时候，俗称有“三伏”，即初伏（也叫头伏）、中伏、末伏（也叫终伏）。那么，哪一天开始为伏呢？《初学记》引《阴阳书》说：“从夏至后第三庚为初伏，第四庚为中伏，立秋后初庚为后伏，谓之三伏。”也就是农历夏至后第三庚日起为初伏，第四庚日起为中伏，立秋后第一庚日起为末伏。比如，公元2014年6月21日夏至，为癸亥日。其后第一个庚日是6月28日庚午，第二个庚日是7月8日为庚辰，第三个庚日是7月18日庚寅。从这一天（7月18日）开始进入初伏，此时又适逢7月23日大暑，天气最热。初伏10天，为7月18～27日；中伏10天，为7月28～8月6日。8月7日立秋恰逢庚日（庚戌日），是俗称的“伏包秋”，立秋后第一个庚日即8月7日。这一天开始末伏，已经进入了秋天。俗谚云：“伏包秋，凉悠悠；秋包伏，热得哭。”

入伏的这一天，既是一个历日，也是一个节日。《汉书·郊祀志》说：“秦德公立卜居雍，子孙饮马于河，遂都雍。雍之诸祠自此兴，用三百牢于鄜畤，作伏祠。”颜师古注：“孟康曰，六月伏日也。”

秦汉以后，“伏”与“腊”一样，渐渐地就都成为固定的节日。《汉书·杨恽传》载杨恽《报孙会宗书》说：“田家作苦，岁时伏、腊，烹羊炮羔，斗酒自劳。”这样看来，“伏”、“腊”应当是农家自我酬劳的节日。当然，虽说是自我酬劳，有时也不妨顺便祭祀一下神灵和祖宗。《史记·留侯世家》说：“留侯死，并葬黄石冢。每上冢伏、腊祠黄石。”“伏腊”本为古代两种祭祀的名称，“伏”在夏季伏日，“腊”在农历十二月，后来也借指生活或生活所需的物质资料。如，宋人苏舜钦《答韩持国书》：“此虽与兄弟亲戚相远，而伏腊稍充足，居室稍宽。”《金史·王去非传》：“督妻孥耕织以给伏腊。”

说到伏天，自然就得说说“伏”这个字。如果仅仅是从文字的本形本义角度去考察，“伏”字与酷热盛暑根本就扯不上丝毫的联系。

“伏”字的出现较晚，字未见于甲骨文，金文写作，构形从人从犬。睡虎

地出土秦简中的“伏”字写作，所从之犬已然线条化而象形意味已经没有了，这即小篆所本。“伏”字古今构形虽说有字体上的差异，但其构件均从人从犬，则是一脉相承。《说文解字·人部》：“伏，司也。从人，从犬。”“司”即今天的“伺”字。南唐徐锴《说文解字系传》作“伏，伺也。从人、犬，伺人也”，与大徐本略异。清人段玉裁注云：“司者，臣司事于外者也。司，今之伺字。凡有所司者必专守之。伏伺即服事也。引申之为俯伏，又引伸之为隐伏。……犬司人，谓犬伺人而吠之，说此字之会意也。”犬匍匐于地伺机吠人，显然，“伏”字的本义应当为“匍匐”或“俯伏”。汉人刘熙《释名·释姿容》就说：“伏，覆也。”《史记·汲黯列传》：“乃召拜黯为淮阳太守，黯伏谢不受印。”《礼记·曲礼上》：“寝毋伏。”郑玄注：“伏，覆也。”《列子·黄帝》：“仰飞伏走，谓之禽兽。”文献中诸“伏”字均用其本义。

“伏”字本义为“匍匐”或“俯伏”，这应该是没有什么疑义的。只是其文字构形，稍有不同的意见。张世超等《金文形义通解》以为伏字构形从勹从犬。“勹”即“包”之古字，今写作“包”。《说文解字·勹部》：“勹，裹也。象人曲形，有所包裹。”《正字通·勹部》说：“勹，包本字。”“勹”即人之曲形，与“人”义通，此说似亦可通。

“伏”由“匍匐”或“俯伏”之义引申而有“守候”之义，所以，《说文》说“伏，司也”。清人王筠《说文句读》说：“司，今作伺。应劭解张良椎击秦皇帝曰：‘狙，伺也；一曰：伏，伺也。狙之伺物，必伏而候之，故今云狙候。’”

又引申而有“藏匿”、“隐蔽”之义。《广雅·释诂四》就说：“伏，藏也。”《诗经·小雅·正月》：“潜虽伏矣，亦孔之炤。”《老子》第五十八章：“祸兮福之所倚，福兮祸之所伏。”《汉书·赵广汉传》：“其发奸擿伏如神，皆此类也。”又有“伏兵”、“伏击”之义。如，《左传·庄公十年》：“夫在国，难测也，惧有伏焉。”《史记·匈奴列传》：“御史大夫韩安国为护军，护四将军以伏单于。”《北史·赵昶传》:“设六伏以待昶。”

俯首伏地,这种姿势多表示恐惧屈服或极端崇敬,所以,“伏”又引申而有“屈服”、“顺服”之义。《正字通·人部》就说:“伏,屈服也。”如,《尚书·汤诰》“罪人黜伏”蔡沈《书集传》说:“故夏桀窜亡而屈服。”《淮南子·原道》:“海外宾伏。”《红楼梦》第四十回:“拿起箸来,沉甸甸的不伏手。”又指佩服,信服。如,《后汉书·廉范传》:“世伏其好义。”《晋书·束皙传》:“检验果然,时人伏其博识。”唐白居易《琵琶行》:“曲罢曾教善才伏。”又指降服,制伏。如,唐柳宗元《封建论》:“其智而明者,所伏必众。”《西游记》第三十三回:“伏虎降龙,大闹天宫。”

无论古今,人在酷热盛暑的极端天气面前,大概只有避匿之份,而“隐伏”应该是其最好的选择,所谓“伏者,隐伏避盛暑也”,也正为此,“伏”字引申而指一年中最热的时候,“伏天”、“伏日”、“伏中”、“伏暑”、“伏热”等词语中的“伏”都是这个意思。

说到“伏”字,似乎还应该再说说“服”字。读者朋友也许会问:这两个字之间又有什么关系呢?是的,“伏”、“服”二字除了读音相同外,形义之间本来是没有任何联系的。然而,就是这两个本来没有任何形义联系的字,在后来的使用过程中,因为词义的引申发展而出现了交集,彼此之间常常通用,有时甚至可以说是“混”用。

“伏”、“服”古音均属奉母职部,今皆音fú,古今读音相同。

《说文解字·舟部》说:“服,用也。”许慎以“用”释“服”当为其引申义。《尔雅·释诂上》说:“服,事也。”《广韵·屋韵》说:“服,服事。”均以“事”释“服”。杨树达《积微居小学述林》也说:“服之训事,本是古义,特事字在今日义太广泛,故今释为‘谋事’之事,而综合彝铭诗书诸例,以职字释云。”据此,“服”字的本义为“事”、“职”。如,《论语·为政》:“有事,弟子服其劳。”《汉书·徐乐传》："此陛下之所服也。"颜师古注："服，事也。"

"服"由"事"引申而有"任用"、"使用"之义。《广雅·释诂二》："服，任也。"《后汉书·梁统传附梁竦》："长嫂舞阴公主赡给诸梁，亲疏有序，特重敬竦，虽衣食器物，必有加异。竦悉分与亲族，自无所服。"李贤注："服，犹用也。"

"服"又引申而有服从、顺从之义。如，《论语·为政》："哀公问曰：'何为则民服？'孔子对曰：'举直错诸枉，则民服；举枉错诸直，则民不服。'"邢昺疏："时哀公失德，民不服从，哀公患之，故有此问。"又有畏服、慑服之义。如《韩非子·二柄》："夫虎之所以能服狗者，爪牙也。"

"服"字"服从"、"顺从"之义与"伏"字由"匍匐"或"俯伏"之义引申出的"屈服"、"顺服"之义就有了交集，所以，王力先生《同源字典》就认为"伏"、"服"二字同源，其语云："古人伏地表示畏服、佩服。故畏服、佩服的'服'与'伏'同源。"

实际上，古文献中，"伏"、"服"二字互用甚至"混"用的情况远不止于此。

"伏"用同"服"之例。如，《荀子·性恶》："今使涂之人伏术为学。"郝懿行注："伏与服古字通。服者，事也。古书服事亦作伏事。"《古今小说·木绵庵郑虎臣报冤》："吴潜被逼不过，伏毒而死。"《水浒传》第七十八回："军士不伏水土。"《易·系辞下》"古者包犧氏之王天下也"陆德明《经典释文》云："包，本又作庖。孟京作伏，云：'伏，服也。'"《方言》卷八"蝙蝠，自关而东谓之伏翼"钱绎笺疏："伏，与服同。"

"服"用同"伏"之例。如，《礼记·曲礼上》："孝子不服闇。"俞樾《平议》："服，当读为伏，不服闇者，不伏闇也，谓不潜伏于闇冥之中也。"《庄子·说剑》："于是文王不出宫三月，剑士皆服毙其处也。"于省吾《新证》："按，高山寺卷子本作'剑士皆伏毙其处也'，服作伏。"《尔雅·释诂上》"悦，服也"郝懿行《义疏》："服之言伏也。喜乐之至，转为屈伏，义相成也。"

在一些以“伏”或“服”构成的词语中，这两个字的互用甚至“混”用的情况就更为突出。如：“伏刑”意指被处决，亦写作“服刑”；“服老”意指承认年老力衰，亦写作“伏老”。其他如：“服事”，亦或写作“伏事”；“服侍”，亦写作“伏侍”；“服帖”、“服贴”，亦写作“伏帖”、“伏贴”；“服毒”，亦写作“伏毒”；“服食”，亦或写作“伏食”；“服气”，亦写作“伏气”；“服从”，亦写作“伏从”；“服词”，亦写作“伏词”；“服罪”，亦写作“伏罪”；“服箱”，负载车箱，犹驾车，亦写作“伏箱”；“服输”，亦写作“伏输”；“服膺”，亦写作“伏膺”；“服翼”，蝙蝠的别名，亦写作“伏翼”；“服辩”、“服辨”，亦写作“伏辩”、“伏辨”；“服听”，亦或写作“伏听”；“臣伏”，亦写作“臣服”；“降服”，亦写作“降伏”；“折伏”，亦写作“折服”，等等。如此“混”用，有时真让人感觉不知到底是该写“伏”还是写“服”。这大概也可以说是汉语的魅力之所在吧。

〖“腊”尽春来〗

凝寒迫清祀，有酒宴嘉平。
宿心何所道，藉此慰中情。
——北齐·魏收《腊节》

诗中的“清祀”、“嘉平”，均为古代十二月腊祭的别称。司马迁《史记·秦始皇本纪》说：“三十一年十二月，更名‘腊’曰‘嘉平’。”汉人蔡邕《独断》卷上也说：“四代腊之别名：夏曰嘉平，殷曰清祀，周曰大蜡，汉曰腊。”上引北齐魏收的诗，未着一“腊”字而尽得“腊”意：写出了寒凝大地、数九隆冬时节，人们在祭台上供奉酒肉以祭祀百神，感谢百神福佑，抒发久已宿居心中的敬神之情。

“腊”字的繁体写作“臘”，未见于甲骨文、金文，小篆写作。《说文解字·肉部》说：“臘，冬至后三戌，臘祭百神。从肉，巤声。”按照《说文》的说解，“臘”为祭名，是冬至后第三个戌日祭祀百神的一种祭祀。

依照汉字构形的一般规律，凡与祭祀有关的字，应当从示构形，所谓“凡示之属皆从示”。“臘”既为祭祀之名，为什么不从示而从肉构形呢？对此，马叙伦先生就提出了质疑，并认为“臘”的祭名用字当写作“禶”，其在《说文解字六书疏证》卷八下说：“臘本非祭名，则可决也。盖祭名字必从示矣。今南北之俗，于岁终大祀神示先祖，会亲戚饮食，皆示一岁之事已毕，乐成功也，故秦名臘曰嘉平。《广雅·释天》：‘臘，索也。夏曰清祀，殷曰嘉平，周曰大禶，秦曰臘。’禶盖为臘祭而作之字。”马先生的分析不能说没有道理，《法言·问道》“不膢臘也与”李轨注就说：“臘，禶也。”只是，“禶”为后起的形声字，既未见于甲骨文、金文，也未见于《说文》。在没有更多的文献文字材料作证的情况下，姑从《说文》。

“禶”，今音zhà，作为年终的祭名，应当是“臘”的后起字。《玉篇·示部》就说：“禶，报祭也。古之腊曰禶。”所谓“报祭”，是古代的祭礼之一，即“祰”，亦称告祭，指报答恩德的祭礼。《集韵·号韵》说：“祰，报祭谓之祰。”如，《国语·鲁语上》曰：“幕，能帅颛顼者也，有虞氏报焉；杼，能帅禹者也，夏后氏报焉；上甲微，能帅契者也，商人报焉；高圉、太王，能帅稷者也，周人报焉。凡禘、郊、祖、宗、报，此五者国之典祀也！”唐代柳宗元《禶说》一文即对“禶”祭有描述：“将禶，进有司以问禶之说，则曰：‘合百神于南郊以为岁报者也。’”

“禶”，字或写作“蜡”。《集韵·祃韵》就说：“禶，索也。合聚万物，索飨百神也。通作蜡。”如上引《广雅·释天》“周曰大禶”之“禶”，《世说新语·德行》“歆蜡日尝集子侄燕饮”刘孝标注引《五经要义》云：“三代名臘。夏曰嘉平，殷曰清祀，周曰大蜡，总谓之臘。”汉人蔡邕《独断》卷上作“周曰大蜡”，字均写作“蜡”，可证。

“蜡”，依据《说文》，本为“蛆”之古文，即蝇的幼虫，今音qū。《说文解字·虫部》说：“蜡，蝇胆也。”段玉裁注：“蝇生子为蛆。蛆者俗字，胆者正字，蜡者古字。”《周礼·秋官·序官》：“蜡氏。”郑玄注：“骨肉腐臭，蝇虫所蜡也……蜡读如狙司之狙。”

“蜡”用作古代年终大祭万物之祭名，或疑为假借字，音zhà，后造一从示、昔声的“䄍”字。《礼记·郊特牲》说：“天子大蜡八，伊耆氏始为蜡。蜡也者，索也，岁十二月，合聚万物而索飨之也。”郑玄注：“所祭有八神也。”又《礼运》：“昔者仲尼与于蜡宾。”郑玄注：“亦祭宗庙。”陆德明《释文》：“蜡，祭名。夏曰清祀，殷曰嘉平，周曰蜡，秦曰腊。”《世说新语·德行》：“(华)歆蜡日尝集子姪燕饮。”刘孝标注：“晋博士张亮议曰：‘蜡者，合聚百物索飨之，岁终休老息民也。’”元虞集《太岁》：“百神俱来，群蜡毕通。”

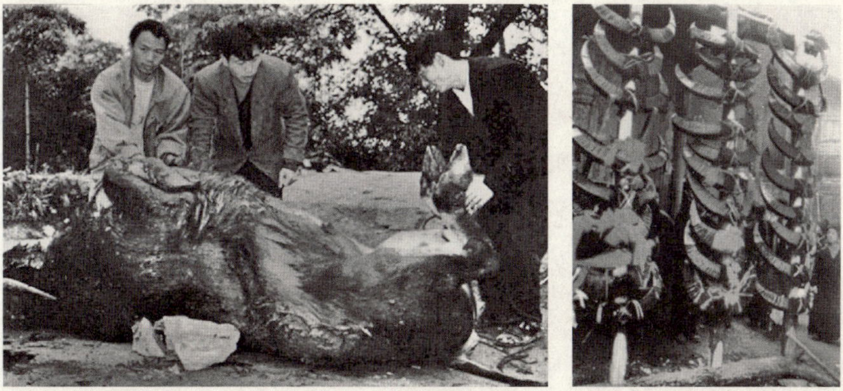

左图为苗族人鼓社祭杀牛祭祖，右图为杀牛后各家牛角送到第一鼓社头家，用竹竿挂在枫桩上

均引自《苗人的灵魂：台江苗族文化空间》（左图第17页，右图第20页）余未人 主编 黑龙江人民出版社 2005年8月第1版

今天，“蜡”为“蠟”的简化字，音là。“蠟”本是指动物、植物或矿物所产生的油质，具有可塑性，不溶于水，如“蜂蠟”、“白蠟”、“石蠟”等，今简化作“蜡”，就与本来为“蝇蜡”、借为“蜡祭”之“蜡”构成了同形字。

同为祭名，秦汉以前的上古时代，“臘”与“蜡”（䄍）的用法还是稍有区别的：称祭祖先的为“臘”，祭百神的为“蜡”；秦汉以后统称“臘”。如《礼记·月令》：“（孟冬之月）天子乃祈来年于天宗，大割祠于公社及门闾，臘先祖五祀，劳农以休息之。”唐人孔颖达疏：“臘，猎也。谓猎取禽兽以祭先祖五祀也。”《左传·僖公五年》：“宫之奇以其族行，曰：‘虞不臘矣。’”晋人杜预注：“臘，岁终祭众神之名。”

“臘”，后世有一异体字写作“臈”，应当是“臘”的讹误。如，《晏子春秋·内篇谏下四》：“景公令兵抟治，当臈冰月之间而寒，民多冻馁，而功不成。”清人孙星衍注就说：“臈，当为臘。”宋王安石《与微之同赋梅花得香字三首》之二“从教臈雪埋藏得，却怕春风漏泄香”之“臈”亦即“臘”。“臈”，居延汉简写作、《张迁碑》写作，均与小篆字形相近，或疑即小篆“臘”字之讹误，形近而讹。

“臘”，今简化写作“腊”。“腊”本来是“昔”字的异体，意思是“干肉”，今音xī。《说文解字·日部》说：“昔，干肉也。从残肉，日以晞之，与俎同意。腊，籀文从肉。”“干肉”之义的字，后来通写作“腊”。清人钮树玉《说文校录》说：“隶书作腊。”《释名·释饮食》：“腊，干昔也。”《广雅·释器》：“腊，脯也。”《周易·噬嗑卦》“六三，噬腊肉，遇毒，小吝无咎”孔颖达疏：“腊是坚刚之肉也。”《周礼·天官·腊人》：“腊人掌干肉，凡田兽之脯腊膴胖之事。”郑玄注：“腊，小物全干。”《金史·世宗纪下》：“辽主闻民间乏食，谓何不食干腊。”又引申为做成干肉。唐人柳宗元《捕蛇者说》：“（蛇）然得而腊之以为饵，可以已大风、挛踠、瘘、疠，去死肌，杀三虫。”宋范成大《桂海虞衡志·志禽翡翠》:“亦有腊而卖之。”

同“蜡”成为“蠟”简化字的情形一致，今天，“腊”也成了“臘”的简化字，音là。本为“臘祭”之“臘”，字简化后写作“腊”，就与“干肉”之“腊”构成了同形字。

从文献中的用例来看，作为“岁终祭众神、先祖之名”的“臘”(腊)，其含义主要有二：其一是“臘者，接也”。冬至是古人非常重视的节日，因为按照中国传统的阴阳五行理论，冬至是阴阳转化的关键节气。所以，“冬至后三戌，臘祭百神”，就寓有新旧交替的意思。汉人蔡邕《独断》卷下说：“臘者，岁终大祭，纵吏民宴饮，非迎气，故但送不迎。”又，《后汉书·陈宠传》“犹用汉家祖臘”李贤注也说：“臘，接也，新故交接，故大祭以报功也。”《急就篇》卷四“祠祀社稷业臘奉”颜师古注：“臘，接也，广祭百神也。”《风俗通义·祀典》说：“臘者，接也，新故交接。”“臘者，所以迎刑送德也。”其二是“臘者，獵也”，指田猎获取禽兽好祭祖祭神，“臘”字构形从肉，就是用肉来“冬祭”。《礼祀·月令》“臘先祖五祀”郑玄注：“臘，谓以田猎(獵)所得禽祭也。或言祈年，或言大割，或言臘，互文。”《风俗通义·祀典》:“臘者，獵也。言田獵取兽，以祭祀其先祖也。”《列女传·母仪·鲁之母师》“臘月”王照圆补注：“臘者，祭名。谓獵取禽兽以祭也。”

古代的“臘祭”都是在岁终举行，所谓“冬至后三戌，臘祭百神”，“臘”字也因此引申而有了农历十二月、岁末或冬月之义。原本构形从肉的“臘”，楷化后讹变成从“月”，讹变后的字形倒与其引申义(“农历十二月”)相吻合，这还真是一种巧合，误打误撞。如，李贺《出城别张又新酬李汉》“臘春戏草苑”王琦注：“臘，十二月也，以其月中有臘祭之事世俗遂谓之臘月。”《新唐书·礼乐志一》说：“臘，蜡百神于南郊。”《镜花缘》第七回：“游来游去，业已半载，转瞬臘尽春初。”而“臘月”即指农历十二月，字或写作“蜡月”。《史

记 · 陈涉世家》:"臘月，陈王之汝阴。"裴骃《集解》引宗懔《荆楚记》云:"臘节在十二月，故因是谓之臘月也。""臘"字又引申指冬天腌制鱼肉鸡鸭等的通称，如"臘肉"、"臘鸡"、"臘肠"等。《清平山堂话本 · 快嘴李翠莲记》:"酒自酒，汤自汤，腌鸡不要混臘獐。"

释迦牟尼成佛过程，从左至右依次为削发为僧、苦修、成佛
均引自《中国节：图说民间传统节日》 第202—204页 李露露著 福建人民出版社 2012年3月第2版

今天，在以"臘"为构词成分的词语中，"臘"字用得更多的是用其引申义而非本义。这一现象也印证了汉语词义引申发展的一个规律：语言是随着社会的发展而发展、变化而变化的。如，"臘八"即农历十二月初八日，后来也是"腊八节"的俗称。先秦的臘祭本来是在冬至后的第三个戌日(不一定就是初八)，相传农历十二月初八日是佛祖释迦牟尼的成道日，至南北朝时梁的开国之君梁武帝，因其笃信佛教，也为了扩大佛教在本土的影响力，于是就把臘祭节日定在农历十二月的初八，诚心合二为一地同时祭祖、祭神、祭佛。宋人吴自牧《梦梁录 · 十二月》说:"此月八日，寺院谓之臘八。"其他的词语，如，"臘序"是说腊冬时节;"臘尾"指农历的年末;"臘候"是说寒冬时节;"臘破"是说腊尽春回;“臘花”即“臘梅”;“臘味”是腊鱼、腊肉、腊鸡、腊鸭等食品的总称;“臘冽”是说腊月的严寒;“臘风”是说腊月的寒风;“臘酎”是指腊月所酿之醇酒;“臘酒”是指腊月酿制的酒;“臘雪”是指冬至后立春前下的雪,等等。

当然,这其中也有与“臘”字意义无关的词语。如,“臘梨”就不是指可以吃的“臘月之梨”而是“瘌痢”的谐音,指的是一种病,即黄癣,或患黄癣者。元人康进之《李逵负荆》第三折:“那一个是稀头发臘梨,如今这个是剃头发的和尚。”

月相篇

【"朔"流追源】

月亮是夜空中最引人注目的天体，它那变化多端而又十分美丽的外貌，曾引起无数文人骚客的诗情画意。自古以来，人们凭借着丰富的想象力，又给它编造了无数引人入胜的神话故事。

月亮围绕地球公转，同时也自转，两者的周期相同，方向也相同，因此，月亮总是以相同的一面对着地球，以致在人造卫星上天之前的漫长岁月里，人们从来没有见过它的后脑勺。月亮本身并不发光，是靠反射太阳光才亮的。所以对于地球上的观测者来说，随着太阳、月亮、地球三者相对位置的变化，在不同的日期里月亮呈现出来的形状是不同的，这叫"月相"。当月亮运行的位置，正好处于太阳与地球之间，三者处于一条直线上的时候，被太阳照亮的半个月球，恰恰背对着地球。这一天，月亮和太阳同时从东方升起，即使是地球把太阳光反射到月亮，再由月亮反射回来的那部分光，也完全被淹没在强烈的太阳光辉中，以致我们根本无法看到月亮的任何一点形象，这就是“朔”，也称新月，日期上则是农历每月的初一。《释名·释天》：“朔，苏也，月死复苏生也。”

月相变化图

引自《日者观天录〈二十四史〉中的天象与历法（白话典藏图版）》第187页　韩云波 郝敬 张莉译著 重庆出版社 2008年3月第1版

在甲骨文及早期的金文中尚未发现“朔”字，可以证明，“朔”字的出现是较晚的事情，大约在战国时期。“朔”在造历的过程中是十分重要的环节，而“朔日”又无月相，肉眼看不见，古人无法凭借对月球的直接观测来确定，只能根据月满时日推算而得知，因此，对“朔”的认识和确定，是当时天文历法学上的巨大进步。《诗·小雅·十月之交》有“十月之交，朔月辛卯”的记载，“朔月”也即“朔日”，郑玄《笺》就说：“周之十月，夏之八月也。八月朔日，日月交会。”清人王引之《经义述闻》说：“一月之始谓之朔日，或谓朔月。”据此，我们大致可以说，至少西周时代就已用“朔”为每月之首日。

关于“朔”字，东汉许慎的《说文解字》是这样说解的：“朔，月一日始苏也。从月，屰声。”既然“朔日”无月相，古人又是因为什么而以“朔”为之命名的呢？“从月屰声”的构形，“月”为形符，说明“朔”字的意义类属与月相关，这很清楚；那么“屰声”呢，仅仅只是表示“朔”字的读音？问题似乎不应该就这么简单。对此，古人无说，今有学者作了这样的解释：“(朔日) 从地球上看不见月光，渐渐小亮直到满月全亮，月光由无到有，由小到大，由少到多，按逻辑是顺；从满月全亮又慢慢亏缺，直到看不见一点月光，月光由多到少，由大到小，由有到无，按逻辑是逆。屰是逆的初文，故朔字用屰作声符表示月相的逆行变化。”如此分析，似乎有道理，只是依然有一种不到位的感觉。月亮绕地球公转，周而复始，空间上无起点也就无终点，方向上无所谓“顺”也就无所谓“逆”（屰），“朔”与“屰”之间的意义联系，不明显。

我们不妨也来说说“朔”字的构形。

先来说说“朔”字的声符“屰”。“屰”是“逆”的本字，甲骨文写作、，金文写作、，均像头顶着地、手脚朝天的“倒悬”人形，不同的只是，甲骨文是线条化而金文是填实的。如果把这些字倒过来看，个个都是“大”或“天”的形状，也就是正面而立的人形。

今天我们有“拿大顶”一词，亦省作“拿顶”、“拿鼎”，说的是技巧运动的一种，其基本姿态就是双手撑在地上或物体上，头朝下，两脚向上竖起。沈从文《从文自传·一个老战兵》中就有这么段的描写：“他又会拿顶，在城墙雉堞上，在城楼上，在高桅半空棋料上，无地无处不可以身体倒竖，把手当成双脚，来支持很久的时间。”除了运动员或技能训练需要，今天一般正常的人大概是不愿意、也不能够头倒立着走路、生活的。有谁不乐意做一个“顶天立地”的好汉呢！

然而在古代，倒悬的现象恐怕是经常发生的，奴隶、俘虏，或是犯了法的自由民，总有一部分人不免要处于倒悬的困苦状态。在商周之际的一个觚器上有一个图形文字作，中间正面而立的人，一手执大斧，另一手倒拽一人，而图形中处于倒悬状态的被拽者，是战场上的俘虏，还是即将作斧下之鬼的囚犯、祭祀的牺牲品？现已不得而知。但正立与倒悬的天差地别，倒悬者的凄惨之状，却清楚地显示了出来。以倒悬方式惩罚人包括自惩，大概古今中外是一致的。《后汉书 · 刘焉传》说:“从事广汉王累自倒悬于州门以谏。”以倒悬方式进谏挺特别的,与绝食颇为相似。清人昭梿的《啸亭杂录 · 诛伍拉纳》也有记载说:“伍制军拉纳,继福文襄督闽,惟以贪酷用事,至倒悬县令以索贿。”无怪乎《孟子 · 公孙丑上》说:“当今之时,万乘之国行仁政,民之悦之,犹解倒悬也。”“屰”本为倒立的人形,而《说文解字》对“屰”的解说是“不顺也”,以当时司空见惯的倒悬为象,代表人生最困苦、倒霉的事情,表示“不顺”这一难以具体表现的概念,足见古人造字构形时的良苦用心与聪明才智。今天汉语中的“解民于倒悬”依然保留了古义。作为文字符号,后世已经不用“屰”而写作“逆”。《玉篇》:“屰,今作逆。”段玉裁注:“后人多用逆,逆行而屰废矣。”

“逆”是“屰”的后起字,甲骨文写作、金文写作、,构形从辵,或从彳,古通,屰声。罗振玉《增订殷虚书契考释》说:“(甲骨文) 象 (倒) 人自外入,而辵以迎之,或省彳,或省止。”《说文》说:“逆,迎也。从辵,屰声。关东曰逆,关西曰迎。”“逆”的本来意义也应该是不顺,是顺的反义词。古书中常见逆与顺并用之例。如《史记 · 陆贾传》:“汤武逆取而顺守之,文武并用,长久之术也。”今天口语中亦有“逆来顺受”、“逆水顺风”之类的说法。至于训“逆”为“迎”,是就方向而言。所谓的迎,是与被“迎”者的方向相反的,是不顺的,如果方向相同,“顺”了,也就无所谓“迎”了。如《左传 · 桓公元年》:“宋华父督见孔父之妻于路,目逆而送之,曰:‘美而艳。’”《正义》曰:“未至则目逆,既过则目送。”《国语 · 晋语四》:“乃归女而纳幣,且逆之。”韦昭注:“逆,亲迎也。”又如《孙子 · 军争》:“故用兵之法,高陵勿向,背邱勿逆。”杜牧注:“逆者迎之。敌在高处,不可仰攻,敌倚邱山下来求战,不可迎之。”

“朔”以“屰”为声,是否也保留了“屰”的“不顺”、“逆迎”的意思呢?我们还是先来看看以“朔”为声的几个字。

“溯”、“遡”二字是“泝”的异体字。“泝”字小篆作，隶作㴑，《说文解字·水部》：“㴑，逆流而上曰㴑洄。㴑，向也，水欲下，违之而上也。从水，㡿声。遡，㴑或从朔。”“泝”是“㴑”的省形字。“㴑”以“㡿”为声，而“㡿”又以“屰”为声；“㴑”的异体又写“遡”，从辵朔声，朔、屰同为“泝”（㴑）字声符，是“朔”也有“逆流而上”之义。“泝”字后来又写作“溯”，从水、朔声，更说明了“朔”与“屰”之间的渊源关系。《集韵·莫韵》说：“㴑，或作遡、溯。”《字汇·水部》：“溯，与泝同。逆流而上也。”今天通行的用法是以“溯”为正体。如《文选·王粲〈七哀诗〉》：“方舟溯大江，日暮愁我心。”李善注：“《尔雅》曰：‘逆流而上曰溯流。’”

“愬”、“謭”，与“诉”为异体。《说文解字·言部》：“诉，告也。从言，斥省声。《论语》曰：‘诉子路于季孙。’謭，诉或从言、朔；愬，诉或从朔、心。”“斥”即“㡿”。段玉裁注云：“凡从㡿之字，隶变为斥，俗又为斥。”《集韵·莫韵》：“诉，或作愬。”“诉”之义为“诉说”、“告发”。《诗·邶风·柏舟》：“薄言往愬，逢彼之怒。”朱熹集传：“愬，告也。”而所谓“诉说”，是对已往事情的推求、追溯与回想，这不也是一种“逆”吗！

金文中的“朔”字之用有二：除用作“朔日”即月初一之日外，也用作“朔方”即北方之义，与后世文献相同，铭文有“穆穆鲁辟，徂省朔旁（方）”。金文中，“逆”字也用作“北方”。对“朔”字的“北方”之义，张世超等《金文形义通解》说：“此义源于西周时期之‘逆’。”又于“逆”字下云：“考梁十九年鼎‘朔旁（方）’字已作‘朔’，则典籍之用字实始自战国。‘逆’者，相对也，背也，反也，以南为正，则北称‘逆’矣。故‘逆’为本字，而‘朔’者叚字。”“北方”之义的“朔”，是否为假借字，可再讨论，但其与“逆”字的用法能够相通，是“朔”也应当有“不顺”、“逆迎”之义，从屰得声亦从屰得义。

如果再从月相的形成过程来看（参见朔望月示意图），我们会有一个不大不小的发现。

月亮绕地球公转一周，有两次是与地球、太阳同处在一条直线上，这两次的月相分别叫做“朔”、“望”，也许正因为此，阴历月也叫“朔望月”。同处在一条直线上，“朔日”之时的月亮，所处的是地球与太阳之间，从站在地球观测月相的角度说，这时地球上的人们观测月相是逆着太阳光的；而“望日”之时的月亮虽也与地球、太阳同在一条直线上，但它所处的是地球的外侧，而这时的地球则是处于太阳与月亮之间，因此，从站在地球观测月相的角度说，地球上的人们是顺着太阳光来观测月相的。这一“逆”一“顺”，既是语言上的反义词，又是月相观测上的正反方向。《周礼 · 天官 · 宰夫》“万民之逆”贾公彦疏：“逆者，向上之言。”《周易稗疏 · 数往者顺》也说“自上而下谓之顺，自下而上谓之逆。”

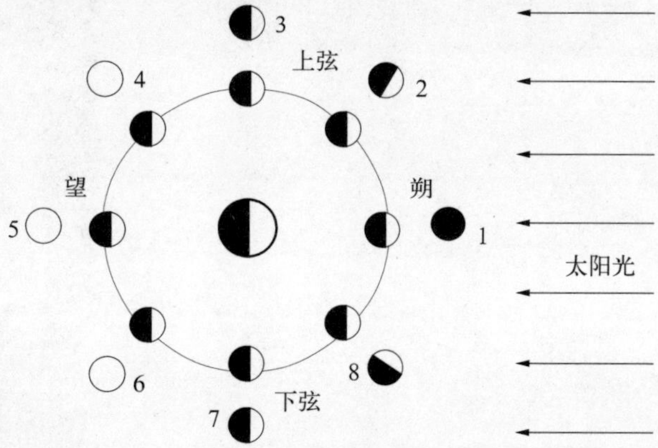

朔望月示意图
引自《中国古代天文历法》 第 77 页 李东生 编著 北京科学技术出版社 2009 年 4 月

我们说，月亮总是以相同的一面对着地球的。如果从月亮面对地球的角度来说，月亮那光亮的半球，在“朔日”与“望日”这两天亦正好是一反一正：即“朔日”之时的月亮，其光亮部分是“背”(反) 对着地球的，而“望日”之时的月亮，其光亮的半球是“正”(顺) 对着地球的。月亮上的这一“反”一“正”不正好与地球上的一“逆”一“顺”相吻合吗！

以上讨论，再次证明，古人造字取象时的良苦用心与精妙绝伦。

非常有意思的是，写完上面的话之后，我们竟然意外地在后世字韵书中找到了“屰”作为月相用字的记录，可以佐证我们上面的推测。《集韵 · 陌韵》说：“霸，月始生。古作屰。”而《汉书 · 律历志》又说：“死霸，朔也；生霸，望也。”张闻玉先生《西周王年论稿》中就认为：初一为朔，又称初吉、吉、既死霸。因此，古作“屰”的“霸”显然是指“死霸”而非“生霸”。

现代 · 潘天寿《紫藤挂月图》
引自《千里共婵娟——中华中秋 · 月亮诗词品读》第 225 页 陆坚 主编 西泠印社出版社 2011 年 8 月第 1 版

〖月“朏”星堕〗

在所有的月相当中，古人最重视的是“朔”与“望”，也即“初一”与“十五”这两天的月相，其他月相名称都是由此派生而出。

例如与“朔”有关的月相名称：朔的前一日叫“晦”；“朔日”也称作“初吉”、“吉”，取日月交会为吉，又称“既死霸”（“霸”之言“白”也，月色洁白之义；既，尽也；“既死霸”即死霸之极）；“朔”后一日为“旁死霸”（旁，傍也；傍，近也，即靠近既死霸之省）；“朔”再后一日月始生，故名“哉生霸”（或写作“哉生魄”，《书·康诰》：“惟三月哉生魄。”“哉”即始之义，《尔雅·释诂上》：“哉，始也”），意思是月亮开始发出光了，即这一天开始，地球上的人用肉眼又可以看到月亮，又叫做“朏”，今音fěi，指农历初三。

“朏”字未见于甲骨文，金文写作，左出右月，小篆写作，左月右出。

古文字构形，构件的位置常左右、上下不别，所以“朏”字异体或写作“朗”。《集韵·尾韵》：“朏，古作朗。”清人朱彝尊《日下旧闻·宣和书谱》“才生明而畚锸攸萃，月贞朗而陶旊斯作”，即用“朗”字。

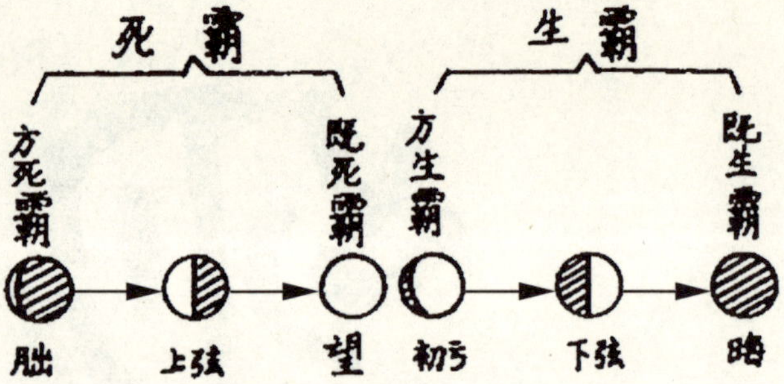

生霸死霸示意图
引自《观象授时：楚国的天文历法》第126页 武家璧著 湖北教育出版社 2001年3月第1版

“朏”字的本义为“月始生”。《说文解字·月部》说：“朏，月未盛之明也。从月、出。《周书》曰：‘丙午朏。’”月始生，故其明未盛，《说文》的说解是正确的。今天有歌词唱道“月亮出来亮汪汪”，显然是诗人的创作，与月相“朏”还是有别的。汉语中，“出”即“生”，“生”亦即“出”，《正字通·凵部》说：“出，生也。”《广雅·释诂一》说：“生，出也。”《易·说卦》：“万物出乎震。”今天汉语中依然有“出生”、“生出”之语，属同义连用，所以，“朏”字构形即从月、出以会“月始生”之意，表示月亮又慢慢出来了，意思是月亮复苏时开始出现的微小光亮。如，《书·召诰》：“三月，惟丙午朏。”孔传：“朏，明也。月三日明生之名。”《文选·谢庄〈月赋〉》：“朒朓警阙，朏魄示冲。”李善注：“朏，月未成光。”

由“月始生”之义引申而用作月相之名。清人戴震《迎日推策记》说：“朔、望、朏、霸，纪于月者也。”

又由月相之名引申而为农历每月初三日的代称。如，《书·毕命》：“惟十有二年，六月庚午朏。”孔传：“康王即位十二年六月三日庚午。”《汉书·律历志下》:"古文《月采》篇曰:'三日曰朏。'"《辽史·历象志下》:"(何)承天日食晦朏,一章必七闰。"这些"朏"字都是指农历某月的初三这一天。

又引申为(月、星)出现,升起。如,南朝梁江淹《爱远山》:"临星朏兮树闇,看日烁兮霞浅。"清王士祯《杂谣三首》之二:"月朏星欲堕,老乌啼不休。"

又由"月未盛之明"引申为天将明。词义的这一引申就不再局限于月光了。《广韵·隊韵》就说:"朏,向曙色也。"如,《淮南子·天文》:"(日)登于扶桑,爰始将行,是谓朏明。""朏明",就是天刚亮,所以,高诱注曰:"朏明,将明也。"又如,《敦煌曲·十二时》:"才将曙色衬三山,渐朏徽明光八表。"《敦煌曲》中的"徽"应当是"微"字之误,因二字形近而讹误。"微明",意即微弱的光亮,稍微明亮。曲中"渐朏"、"微明"属同义连用。

古文献中,"朏"字又或写作"蠢"。《书·召诰》"惟丙午朏"刘逢禄《今古文集解》引《汉艺文志考证》就说:"朏,汉人或作蠢。"看到"蠢"字,读者朋友也许立马会联想到愚蠢、笨拙,恐怕还会问:汉人怎么会将"朏"字写作了"蠢"字呢?

其实,"蠢"字产生愚蠢、笨拙之义,那是汉以后的事情,我们可别误以为汉人很"蠢"、很"笨",以致将"朏"写作了"蠢"。今天我们能看到"蠢"用作"愚昧"、"愚蠢"之义的文献用例,东汉王充《论衡·自然》中的"时人愚蠢,不知相绳责也"应该是最早的,其后才日渐多了起来。如,唐人韩愈《答陈生书》:"仁义存乎内,彼圣贤者能推而广之,而我蠢焉为众人。"清人蒲松龄《聊斋志异·促织》:"小虫伏不动,蠢若木鸡。"

说起来也许您不相信,就词义来说,"蠢"、"朏"二字是可通的。我们都知道,"蠢"是从"春"得声兼得义的,《说文·蚰部》说:"蠢,虫动也。从蚰,春声。"段玉裁注:"形声中有会意。"而"春"又有"生"之义,《说文·艸部》说:"春,推也。从艸,从日,艸,春时生也,屯声。"段玉裁注:"日、艸、屯者,得时艸生也。”“春”所得声的“屯”字也含有“生”义,《说文·屮部》就说:“屯,象艸木之初生”,引《易》文亦说:“屯,刚柔始交而难生”,所以,“蠢”也就有作、动、生、出等义。如,《尔雅·释诂》:“蠢,作也。”郭璞注:“谓动作也。”《玉篇·虫部》:“蠢,动也,作也。”《广韵·準韵》:“蠢,出也。”《礼记·乡饮酒义》“春之为言蠢也”郑玄注:“蠢,动生之貌。”《周礼·考工记·梓人》“则春以功”郑玄注:“春读为蠢。蠢,作也,出也。”《庄子·天地》:“蠢动而相使,不以为赐。”陆德明《经典释文》:“蠢,动也。”唐人慧琳《一切经音义》卷八十“蠢蠢”下注引《尚书大传》云:“蠢,即出也。”均可以说明,这也就难怪汉代人或将“朏”字写作了“蠢”字。

与“朏”字的造字方法一致,后世又造了一个从日从出的“昢”字。“昢”字未见于《说文》,应当是汉代以后出现的。古文字构形从日、从月,是可通的。例如“昫”字,《说文》:“日出温也。从日,句声。”又或从月写作“朐”,《集韵·腫韵》:“昫,日出温也。《司马法》:‘鼓旦明五通为发昫。’或作朐。”又如“曦”字,或从月写作“羲”,《正字通·月部》:“羲,曦字之讹。”所以,“昢”应当就是“朏”的后起异体字。《楚辞·王逸〈九思·疾世〉》:“时昢昢兮旦旦,尘莫莫兮未晞。”旧注云:“日月始出,光明未盛为昢。昢,一作朏。”由此可知,“昢”、“朏”不仅异文,并且词义是“日月始出”,既指日也指月。后世或许是受文字构形从日的影响,就认为“昢”字是“日出”之义。如《广韵·没韵》就说:“昢,明旦日出皃(貌)。”《玉篇·日部》说:“昢,向晴也。”《集韵·隊韵》也说:“昢,将曙谓之昢。”宋人洪兴祖《楚辞补注》索性改旧注为:“昢,日将曙。朏,月未盛明。”于是就将“昢”、“朏”一分为二而分指日出与月出。清人毛奇龄《齐于生辩日远近说》:“且夫日有旅矣,自土见出,凡历三旅是名昢明,昢明之后更历三旅谓之早食。”又进一步申述其说。

其实,有关“朏”字的争议并不在于“昢”是否为“朏”之异体,而在于

"朏"字构形中的"出"是否为声符。换句话说,"朏"字是仅为会意字,还是会意兼形声,亦即"出"是否为声兼义。这一争议应当始于南唐的徐锴。

与大徐本《说文》作"朏""从月出"不同的是,小徐本《说文》作"朏""从月出声",多出一"声"字。然而,徐锴却不认为"出"为声符,并说:"臣锴曰:本无声字,有者误也。"大徐本或许是受徐锴观点的影响,于是径将"声"字删去。马叙伦《说文解字六书疏证》就说:"小徐乃云本无声字,有者误也,而大徐亦遂去之。"今天我们所用的大徐本《说文》就无"声"字。

小徐的说法是错误的,大徐的做法(删除"声"字)也是不对的。最为直接的证据就是唐代慧琳编撰的《一切经音义》卷九十五"朏然"词条下所引《说文》作:"朏,月未盛之明也。从月,出声。"另外,清代学者段玉裁在研究先秦古籍时发现了一个重要的现象,就是形声字的声符与《诗经》中的韵脚相吻,从而提出了"同声必同部"的理论,意思是声符相同的字古音必定属同一韵部。反之,也应该是可以成立的,即属同一韵部的字可以构成谐声关系。查相关工具书可知,"出"字古音属昌母术部,"朏"字古音属滂母术部,二字古音均属术部,自然就可以构成谐声关系,"出"为"朏"的声符无疑。所以,清人徐灏《说文解字注笺》就说:"月朔初生明,至初三乃可见,故三日曰朏,从月、出,会意,出亦声。"

与"朏"从"出"得声兼义一样,"茁"字构形也是从"出"得声兼义,本义为草初生出地的样子。《说文·艸部》说:"茁,艸(草)初生出地皃(貌)。从艸,出声。《诗》曰:'彼茁者葭。'"《玉篇·艸部》也说:"茁,草出皃(貌)。"《诗·召南·驺虞》:"彼茁者葭,壹发五豝。"毛传:"茁,出也。"孔颖达疏:"谓草生茁茁然出。"引申而有出、生出之义。《广雅·释诂一》:"茁,出也。"宋王安石《祭吴冲卿相公文》:"公命在酉,长我一时;公先我茁,我后公萎。"宋苏轼《春菜》诗:"岂如吾蜀富冬蔬,霜叶露芽寒更茁。"鲁迅《坟·文化偏至论》:“诚以人事连绵,深有本柢,如流水之必有原泉,卉木之茁于根荄。”汉语中的“茁壮”一词,意思是生长旺盛。《孟子 · 万章下》:“牛羊茁壮长而已矣。”今有“茁壮成长”。

折返超长焦镜头拍摄的满月

引自《摄影用光圣经》第 108 页 雷依里 编著 中国青年出版社 2013 年 3 月第 1 版

古文献中,“茁”又或用作“朏”。如,“茁壮”,或写作“朏壮”,意即茁壮、强壮、健壮。《二十年目睹之怪现状》第四十八回说:“又出了重价,买了几个乡下姑娘,都是身体朏壮的。”又第五十九回说:“我接过一看,小孩子生得血红的脸儿,十分朏壮。”“茁”、“朏”二字的通用也证明了小徐的观点是不正确的。

翻开《汉语大字典》,我们会发现一个非常有趣的现象,在月相用字“朏”的名下,另外还有一个与其形义没有任何关系、本来是从肉出声的字,《玉篇》将其列入肉部。从肉构形的“朏”,今音kū,意为臀部,即俗称屁股。如《玉篇 · 肉部》说:“朏,臀也。”《正字通 · 肉部》也说:“朏,俗谓髀之近窍者为髀窟。”字又或从屈写作“腒”。《广韵 · 没韵》:“朏,俗又作腒。”“腒”亦即臀部。《玉篇 · 肉部》:“腒,臀也。”《集韵 · 没韵》:“朏,髋也。或从屈。”清人屠绅

《蟫史·甲子城掘井得奇书》“你何苦腽臀好象弯弓样”即用“腽”字。

“臀也”之“朏”与“月始生”之“朏”共同用一个字形（“朏”），真可谓是“屁股”与“月亮”坐到了一起。至于到底是“月光”照到了“屁股”，还是“屁股”坐到了“月球”上，这就不得而知了。

【“望”月怀远】

去年花里逢君别，今日花开又一年。
世事茫茫难自料，春愁黯黯独成眠。
身多疾病思田里，邑有流亡愧俸钱。
闻道欲来相问讯，西楼望月几回圆。
——唐 · 韦应物《寄李儋元锡》

登高方能望远，这个道理古人不会不懂。《荀子 · 劝学篇》就说：“吾尝而望矣，不如登高之博见也。”上引唐人韦应物之诗，诗人在诗中极言其对友人的思念，对世事的感慨，而其中一句“西楼望月几回圆”，不也告诉了我们，望月又何尝不是如此！

望远也好，望月也罢，其实，一个“望”字的构形就能告诉我们这一切。

望，甲骨文写作，像人伫立在土丘之上睁目远望之形，其本义就是望远。字形的上半部从臣，是目之变形字。郭沫若《甲骨文字研究》说：“(甲金文‘臣’)均象一竖目之形。人首俯则目竖，所以‘象屈服之形’者，殆以此也。”引申而有战俘、奴仆之意。字形的下半部从壬(注意：不是“王”字哟)，甲骨文写作，与“望”字下半部完全相同，象人挺立土上之形。《说文解字·王部》：“壬，善也。从人士；士，事也。一曰象物出地挺生也。”《说文》的“一曰”说解与甲骨文构形相合。南唐徐铉注：“人在土上，壬然而立也。”朱骏声《说文通训定声》说：“此字从人立土上，会意。挺立也，与立同谊。朢、廷皆从此为义。”字形中的代表土，是土的最早写法，后来逐渐演变为，最后成为现在的土。上列甲骨文望的第三字形还画出了人的足形，突出地表现人站在土上企足举目之状。这恐怕就是《诗经·卫风·河广》所谓“谁谓宋远，跂予望之”、《史记·高祖本纪》所谓“跂而望归”的形象化吧！

“望”字的甲骨文构形虽然与“月”无关，但“望”的心情同样跃然于点画之间，而且更带有普遍性，所表达的概念更有概括性。

宋人王象之《舆地纪胜》卷三十有一段关于江西省德安县“望夫山”传说的记载：“夫行役未回，其妻登山而望，每登山辄以藤箱盛土，积日累功，渐益高峻，故以名焉。”意思是说，其妻每次登山，都要用藤箱装满泥土，带到山顶，希望站得更高；如此日积月累，所登之山也渐渐高起来。人们被她这种精神所感动，就把她常登之山称为望夫山。凄美的望夫山传说，恐怕可以说是对甲骨文“望”字构形的最好诠释。

“望”的甲骨文又或省写作，原来所从的“土”已省略了，但是伫立远望之意是相同的，这一构形或许应该是平地而望。甲骨文这一构形的“望”字与“见”字构形非常相似。见，甲骨文写作。从古文字字形分析，望、见二字均从目(臣)、从人，但二字的目形有横竖之别。见为平视，故从横

目；望为远视，故从竖目。以见字构形为参照，我们更可清晰地了解望字的原始意义。汉刘熙《释名 · 释姿容》解释说："望，茫也，远视茫茫也。"就强调望是远视。

梅月图（清 · 金农）
引自《千里共婵娟——中华中秋 · 月亮诗词品读》第 17 页 陆坚 主编 西泠印社出版社 2011 年 8 月第 1 版

就文字构形而论，望字与月产生密切联系应当是周代金文中的事情。甲骨文中的望字虽然很多，但大都只作一个人举目望远的形状，没有一个是从月构形的。

金文中偶尔也能见到从目 (臣) 从壬作的望字，如，传承了甲骨文的写法，只是构形更突出强调的是眼睛 ()，这大概就是所谓的"望穿他盈盈秋水"、"秋空望眼穿"一类的真实写照吧。

金文中的望字更多的是从臣、从壬、从月，写作、，文字构形活脱就是一幅"举头望明月"生活情景的素描。金文望字的这一构形就是后世小篆字所本。《说文解字 · 壬部》解释说："朢，月满与日相望，以朝君也。从月，从臣，从壬。壬，朝廷也。星，古文朢省。"许慎因不知臣是目的变形字，以为是君臣之臣而误释为"月满与日相朢"，作为"朝君"之训的根据。

《说文》“朢”字下所收古文“𦣠”，从臣从壬，与甲骨文的望字构形相合，应当是传承自甲骨文。商承祚《说文中之古文考》就说：“(𦣠)象人登高举目远瞩。”《马王堆汉墓帛书·老子乙本·德经》中的望字即写作“朢”：“哭(邻)国相朢(望)，鸡犬之[声相]闻，民至老死不相往来。”朢，现在通行写作望。朱骏声《说文通训定声》说：“今皆以望为之。”

随着时代的变迁、字形的变异，望的字义也在发生着相应的变化，字义逐渐引申、不断扩展、日益“虚”化，由登高望远、举目望月，引申为所望之月的特定月相，成为“月满”的专名（即阴历十五日），金文中“既望”一语即屡见不鲜。

然而，我们似乎还不能据此就认定，“望”作为“月满”的专名即始于周代。这是因为，一是月相的变化既十分明显也很有规律，人类的望月之举动显然不可能是始于周代；二是尽管人们对月的时间概念的形成，可能要比对日的时间概念的形成复杂些，但是，人类注意到月亮的盈亏有着明显的规律性的这一事实，已是很古远的事。我国出土文物表明，距今七八千年新石器时代的陶器上，就刻有弯月的花纹；殷商时代甲骨文字中的“月”字已经定形；《史记》、《汉书》等文献记载，早在黄帝时代就有了明确的“月”的时间概念。《史记索隐》云：“《系本》及《律历志》，黄帝使羲和占日，常仪占月，臾区占星气，伶伦造律吕，大桡作甲子，隶首作算数，容城综此六术而著调历。”

周代金文中的“朢”字又偶将“臣”改为“亡”，写作（无叀鼎：“隹九月既朢”），以亡表音，就将本是会意字的朢改而为形声字的望。金文“朢”字的这一构形就是后世小篆字所本，楷书作望，成了古籍中的通行字。或疑《无叀鼎》的望字左上部应当是“臣”的速写体，因字形与“亡”相近而被误以为是亡字。这一怀疑不是没有道理。战国时期楚国竹简文字中的“望”字或写作（《郭店楚墓竹简·语丛一》简104），字的左上部与楚竹简中或写作

(《包山楚简》简96)、(《郭店楚墓竹简·唐虞之道》简9)的“臣”字构形一致，可以肯定就是“臣”字。然而，战国时期楚国竹简文字中的“望”字又或写作(《郭店楚墓竹简·语丛二》简33)，字的左上部又与“亡(亾)”字作(《郭店楚墓竹简·语丛一》简53)相似，加之望、亡二字古音相近，于是就积“非”成“是”，在漫长演变发展的过程中，本当是从臣的朢字就讹变成了从亡的望字，且通作望，上演了一场汉字发展史上的“鸠占鹊巢”。

然而，小篆以后的既成事实——积“非”成“是”，却也不能不承认。《说文解字·亡部》即因“亡”释义，将“望”解说为“出亡在外，望其还也。从亡，朢省声。”亲人出门在外，尚未归来，家人盼望，故朢引申出盼望义。古人改臣(目)为亡，或许还真有这一因素在起作用。如，《诗·小雅·都人士》：“行归于周，万民所望。”《楚辞·九歌·湘君》：“望夫君兮未来，吹参差兮谁思？”然而，就文字构形的发展演变而论，望是朢的后起形声字，许慎《说文解字》不知其故而误为二字，分属两部，且附会其说，也确为不易。清人徐灏《说文解字注笺》就说：“窃谓望、朢实本一字。《玉篇》有㠃字，盖即古瞻望之望，从壬，亡声。壬者，跂而望之之义也。”壬字构形既为“从人立土上”，“与立同谊”，故后世的望字或从立作竌，应当是望的变体字。《集韵·漾韵》：“望，或从立。”《正字通·立部》：“竌，俗望字。”又或将壬字省去径作朚，更突出了构形中的月字。《六书故·天文上》：“望，别作朚。”

现在通行的望字，虽然还从月，却又从亡、王，有些字典往往把它归入“王”部(如《辞海》、《辞源》均是)，可以说就与“望月”没什么关联了。更有甚者，今网络上的“百度百科”(其标注“最近更新”的日期是：2014-04-09)不仅将“望”分析为从亡从月从王，并作出“‘亡’指朔日无月；‘月’指朔日之外的所有月相，从娥眉月、上下弦月到圆月；‘王’意为‘最大者’、‘王者’；‘亡’、‘月’、‘王’联合起来表示‘从初一到月底之间的所有月相的最大者'、'月相之王'"之类的演义，对此，我们恐怕只能说"胆子真够大的"。究其原因，除因文字楷化外，现代各类辞书将"望"归于王部恐怕是主要的原因。

望月玉兰
作者摄于2013年5月

望字的古文字构形是如此生动，含义是如此丰富，与人们的社会生活关系是如此密切，对今天的读者来说，是颇为新鲜的。在历史文献或文学作品中，望字还常用着它望远的本义，诸如"望梅止渴"、"望尘莫及"、"得陇望蜀"、"望江楼"、"望江亭"等都是。现代的"望远镜"之名尤得望字精髓。

"望"由举目望月引申为所望之月的特定月相，成为"月满"的专名。又由举目望远而引申为人之目力所及，即视线所及的范围，如毛主席的词"山下旌旗在望"，鲁迅先生的诗"望中都化断肠花"，望即用此引申义。又由具体的望月、望远引申为人们内心的一种由此及彼的意愿，即希望、愿望，《孟子·梁惠王上》中的"王如知此，则无望民之多于邻国也"；又引申为人之所望，声望、名望，成语有"众望所归"、"德高望重"等。"名门望族"的"望族"，意义又近于贵族。这些“望”字与望远的关系就微乎其微了。中医中的“望闻问切”之“望”，作为诊病的一种方法，义又同于看，是指对病人气色、神志的观察——与“望”的本义就毫无关系了。至于汉语词语中的“望洋兴叹”之“望”，因“望洋”是一个联绵词，字又或写作“望羊”、“望佯”、“望阳”、“盳洋”，这里的“望”与“望”的本义就可谓是风马牛而不相及也。

〖韬光养“晦”〗

晦夜不生月，琴轩犹为开。
墙东隐者在，淇上逸僧来。
茗爱传花饮，诗看卷素裁。
风流高此会，晓景屡裴回。

——唐·皎然《晦夜李侍御萼宅集招潘述、汤衡、海上人饮茶》

月相的变化很有规律，也非常明显。月相的有规律变化反映的是时间的不断推进。于是，经过了长年累月的观测之后，古人赋予月亮的各种变相以不同的名称来代表不同的时间。在众多月相用字之中，“晦”是指农历的每月最后一天。这一天通常是看不到月亮的，所以，汉代刘熙在其《释名·释天》中就说："晦，灰也，火死为灰，月光尽似之也。"许慎《说文解字·日部》也说："晦，月尽也。从日，每声。"上引皎然诗中的"晦夜"，意思是晦日之夜，也就是无月之夜。

读到此，细心的读者也许会注意到：同是表示月相的用字，"望"、"朔"、"朏"、"霸"、"朓"等字的构形都是从月，唯独"晦"字的构形从日。这是为什么呢？要回答这一问题，恐怕还得先从"晦"字的形、义说起。

月相变化位置图
引自《"宇宙与人"天文知识大博览·太阳系》第39页 王永成 著 华龄出版社 2001年7月第1版

"晦"字未见于甲骨文、金文。但是，《甲骨文编》"每"字条的 (甲五七三) 下云："(每) 又用为晦，'弗晦'。"这就是说，在甲骨卜辞中，是借"每"为"晦"的。孙海波先生《诚斋甲骨文字考释》也云："卜辞'风'与'雨'为对文，'启'与'每'为对文。……'每'盖为'晦'之假借字。晦，冥也。僖十五年春秋经：'晦震伯夷之庙。'公羊传曰：'晦，昼冥也。'《尔雅》：'雾谓之晦，言蒙蒙不明也。'《诗》'风雨如晦'，传：昏也。"值得注意的是，甲骨卜辞中的"每"(晦)并非用于月相之名。

就现有的文字资料而言，"晦"字最早出现于战国时期。《睡虎地秦简文字编》所收的"晦"字写作，与小篆相近，均属秦系文字。楚国竹简文字中的"晦"写作、，构形从日从母。古文字构形，从母与从每相通；左右、上下结构常常不分。《长沙楚帛书文字编》所收"晦"字作，隶作，并说："从母从日，即晦字，读为海。《释名》'海，晦也。主承秽浊，其色黑如晦也。'"从这些战国文字材料来看，战国时期的"晦"字，尽管构形有从母与从每之别，但其表示的词义是的一致的，都是"日暮"、"昏暗"之义，与月相无关。

今天，我们所用的《说文解字》是宋人徐铉的校刊本，俗称为"大徐本"。如果对其日部进行通检就会发现，凡收字86例(包括16例新附字)，除"晦，月尽也"及新附字"晕，日月气也"二字似与月有关外，余者无一例的训释与"月"有关。另外，《文选·江淹〈王徵君〉》"寂历百草晦，欻吸鹍鸡悲"唐李善注引《说文》作"晦，尽也"，无"月"字。南唐徐锴在《说文解字系传》说"晦，昧也"，并不认为"晦"为"月尽"之义。这就让人产生怀疑：《说文解字》"晦"字下的"月尽"之"月"字是应当写作"日"字，还是本来就无"月"字？现已无从得知。

上述种种迹象似乎都在说明，"晦"字的本义不应是"月尽也"，也就是说，"晦"并非月相用字。这究竟是怎么回事？对此，马叙伦先生在《说文解字六书疏证》卷十三是这样分析的："晦本是昬之异文，每、民一字也。'月尽'字当从月作'脢'，以与从肉之'脢'相混，致失其字。古书'月尽'字作晦，或脢之讹，或无其字，借晦为之耳。""昬"即"昏"之异体。马先生的意思是说，"月尽"之义的字本来应当从月构形写作"脢"，但是因为与从肉构形的"脢"

字相同而消失了；现在文献中“月尽”之义的字写作“晦”，有两种可能：一是“脢”字的讹误，误将其中的“月”写作了“日”；二是本来就没有这个字，借用“晦”字来充当。马先生的分析是有道理的。

今天，在我们所使用的汉字系统中已经先有了一个“脢”字，其构形本来是从肉、每声。《说文解字·肉部》说：“脢，背肉也。”由于在汉字演变发展的过程中，从肉与从月构形的字，到了小篆时期已经相混，今楷书又统一书写成了“月”。因此，如果我们为“月尽”之义的月相字再造一个从月、每声的字，就势必会与已有的“脢”字相混。尽管这种共用同一字形的例子在汉字系统中并不少见，但使用起来很不方便。就拿同为月相用字的“朓”来说吧。在今天我们所写的“朓”字形体下，就包含有两音、两义：一是音tiǎo，本来是从月，小篆写作，《说文解字·月部》说：“朓，晦而月见西方谓之朓。从月，兆声。”意思是农历的月底月亮见于西方。二是音chào，本来是从肉，小篆写作。《说文解字·肉部》说：“朓，祭也。从肉，兆声。”本来属于不同部首（月、肉）、音义并不相同的两个字，小篆之时已经很难分辨，楷化以后，更变得无从分别了。

大概是为了避免类似“朓”字一类混用不便现象的再次发生，古人索性就以本为“日暮”、“夜晚”之义的“晦”为“月尽”之义的“脢”（晦）。至此，我们大概可以这样说，“晦”字构形从日，其本义是指“日暮”、“夜晚”。古文献中，“晦”字的这一用法的例子并不少见。如，《周易·随卦》象辞曰：“君子以向晦入宴息。”郑玄注云：“晦，宴也。”高亨《周易古经今注》注：“翟玄曰：‘晦者，冥也。’冥谓暮夜也。向晦犹今言向晚也。”郑玄注中“宴”当为“晏”字之借。《小尔雅·广言》：“晏，晚也。”《吕氏春秋·慎小》“二子待君日晏，公不来至”高诱注：“晏，暮也。”诸多用例都可证明。由“日暮”之义又引申有“昏暗”之义。如，《楚辞·九歌·山鬼》：“云容容兮而在下，杳冥冥兮羌昼晦。”王逸注:“晦,暗也。”

“晦”由“日暮”、“夜晚”之义引申而特指农历每月的最后一天,即“月尽”之义。如,《春秋·僖公十五年》:“己卯晦,震夷伯之庙。”杨伯峻注:“己卯,九月三十日。”《左传·成公十六年》:“陈不违晦。”杜预注:“晦,月终,阴之尽。”

今天汉语中的许多词语依然保留了“晦”字的这一用法。如,“晦日”即农历每月的最后一天;“晦朔”即农历每月的末一日和初一日;“晦望”即农历每月的末一日与十五日;“晦节”是唐代节日名,在正月晦日。至此,我们可以说,《说文》中“月尽也”之义是“晦”字的引申义而非本义。

“人有悲欢离合,月有阴晴圆缺”,这里的“圆缺”就是指“月相变化”:在地球上所看到的月球被日光照亮部分的不同形象。人们通过观察,总结出了《月相变化歌》:

初一新月不可见,只缘身陷日地中,
初七初八上弦月,半轮圆月面朝西。
满月出在十五六,地球一肩挑日月,
二十二三下弦月,月面朝东下半夜。

月相的变化,当然不仅仅只是反映了时间的推进,其变化的形态之美,为寂寥的夜空平添了几分姿色,也引发了历代文人骚客无尽的创作激情与遐想。文人们所描绘的月夜,即便是“晦”如“残月”的月夜,也频繁地出现在文学作品之中,可谓“人因月而生情,月以人而增色”。如,唐白居易《客中月》诗:“晓随残月行,夕与新月宿。”唐韦庄《章台夜思》诗:“孤灯闻楚角,残月下章台。”唐温庭筠《更漏子》词:“星斗稀,钟鼓歇,帘外晓莺残月。”宋柳永《雨霖铃》词:“今宵酒醒何处?杨柳岸、晓风残月。”陈毅《过微山湖》诗:“鲁南峰影嵯峨甚,残月扁舟入画图。”诸诗词均以“残月”为景抒怀寓意。

说到“晦”字，就不得不说说汉语中的成语“韬光养晦”。这是一个不易把握，甚至经常引起误读的成语。

在一个朔望月里月相不断发生的变化

引自《探索太阳系》 第5页
李芝萍 主编 农村读物出版社
2009年1月第1版

“韬”，本来是指弓袋，名词；作动词就是“纳弓于弓袋”之义，如“韬弓”。由此引申有掩藏、敛藏之义。“韬光”就是敛藏光彩，也比喻隐藏声名才华。如南朝梁萧统《〈陶渊明集〉序》：“圣人韬光，贤人遁世。”“养”由供养、奉养之义引申有培养、修养、涵养等义。“养晦”，亦作“晦养”，是说隐藏才能，不使外露。语本《诗经 · 周颂 · 酌》：“于铄王师，遵养时晦。”宋代朱熹《诗集传》注说：“言其初有于铄之师而不用，退自循养，与时俱晦。”郑观应《〈盛世危言〉初刊自序》说：“自顾年老才庸，粗知《易》理，亦急拟独善潜修，韬光养晦。”

"韬光养晦"本来是一个意思很清晰明白的成语。导致误读的关键，在于对其中"晦"字的理解：是做"养"的宾语，还是做"养"的定语（修饰语）。如果是前者，则"晦"的意思就由昏暗不明引申指自身的修养不足；"养晦"就成了"培养、弥补不足"之义，整个成语也就成了"卧薪尝胆"、"蓄势待发"的等同语。如果是后者，"晦"则是"养"的方式，可作"潜心"、"低调"解，是一种生活的态度，既符合儒家的"中庸"思想，也与朱熹"退自循养，与时俱晦"的解释相吻合、与郑观应文中"独善潜修，韬光养晦"的运用相一致。很显然，正确的理解应该是后者。

〖“霸”王别姬〗

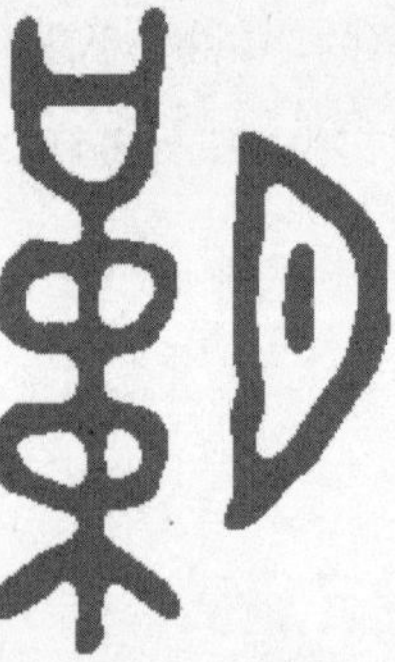

“霸”，曾一度与“坏的词”划上了等号。这大概是因为一段时间里，“霸”这个字的词义仅限于指那些蛮横无理、依仗权势欺压百姓的人或阶层，诸如“霸权”、“霸道”、“霸占”、“霸持”、“恶霸”等，就连电影中的坏人也叫“南霸天”，即便是那个力拔山兮气盖世的楚霸王也因其刚愎自用、有勇无谋而在“宜将剩勇追穷寇，不可沽名学霸王”的诗句中成了反面教材。然而，同样的一个“霸”字，近年来又似乎得以平反昭雪而成了“好的词”、众人抢用的“香饽饽”，用“霸”字组合的新词，几乎渗透到了我们日常生活的方方面面，诸如“面霸”、“味霸”、“巨无霸”、“超霸”、“争霸”、“声霸”、“图霸”、“解霸”、“毒霸”、“学霸”等，不胜枚举，就连商家单方面制定的不容更改的条款也叫“霸王条款”。

其实，不管是“好的词”还是“坏的词”，细细追究起来，这些都与“霸”

这个字没有丝毫关系。

“霸”字的本义究竟是什么？在众多的月相用字当中，这恐怕是学者们争议最多的一个字，因为迄今似乎仍未有定论。

“霸”字的出现可能比较晚，应该是殷商以后，因为商代的甲骨文中未发现有“霸”字。金文中的“霸”字写作(《令簋》:“隹九月既死霸。”)、(《作册大鼎》:“隹四月既生霸。”)，小篆写作，构形一致，均从月䨣声。

依照古文字学理论，“霸”字构形既然从月，其本义自然应当是与月有关，所谓“凡月之属皆从月”。然而，形符“月”所能告诉我们的只是其字义的意义类属或者说是字义的范围，无法明确传递出具体所指。《说文解字·月部》说:“霸，月始生霸然也，承大月二日，承小月三日。从月，䨣声。《周书》曰：‘哉生霸。’”所谓“承大月二日，承小月三日”，意思是说，如果上个月是大月，则本月的“霸”出现在初二这一天；如果上个月是小月，则出现于初三这一天。对此，张闻玉先生在《西周王年论稿》中已经指出这是“以汉人之见律古”，不足为据。许慎以“霸然”释“霸”，犹如以“霸”释“霸”，毫无意义。即便是小徐本《说文》作“霸，月始生魄然也”，以“魄然”为训，意义仍不明朗。这也就难怪后人关天“霸”字的解释多有分歧。比如，清人俞樾先生《春在堂全书》有《生霸死霸考》一文，认为:“惟以古义言之，则霸者月之光也。”后于俞氏的王国维先生《观堂集林》亦有《生霸死霸考》，则认为:“余谓《说文》‘霸，月始生魄然也’、‘朏，月未盛之明也’，此二字同义，声亦相近，故马融曰:‘魄，朏也。’”认为“朏”、“霸”二字同义。二位先生的意见分歧还是明显的。

我们再来试试从声符“䨣”字入手去探寻“霸”字的本义。《说文解字·雨部》说:“䨣，雨濡革也。从雨，从革。读若膊。”所谓“雨濡革也”，意思是雨沾湿皮革而隆起。段玉裁注:“雨濡革则虚起，今俗语若朴。”清人梁同书

《直语补证》也说:"俗以物著湿雹凸隆起谓之霏。"而"霏"与"霸"的意义关系又是怎样联系起来的呢?饶尚宽先生《释"霸"》一文就说:"霏为霸字声符,又兼表义。因为雨下皮革,浸湿处变形虚起,未浸处依然如故,正应日照月球,受光面逐渐变白,背光面暗然转黑之形貌。月面明暗相依,变化成形。"饶说可信。"霸"从月、从霏,霏亦声,而"霏"又以雨、革为象,皮革受湿隆起则泛白,故"霸"也即有"白"义。

"霸"虽不见于甲骨文,但见于金文,因此,金文中"霸"字的使用情况就成了我们考查"霸"字本义直接而有用的文献材料。

据张世超等编撰的《金文形义通解》,金文中的"霸"字除用作姓氏外,即用作月相用字,并说:"(霸即)月光,月色洁白。'白''霸'古旁纽叠韵,是'霸'之言'白'也。彝铭言'既生霸'、'既死霸'者,究其'霸'义,皆可以此言之。"查《汉字古音手册》,知"霸"字古音属滂母铎部,"白"字古音属并母铎部,二字为旁纽叠韵,古音相同或相近,而金文中"霸"字之义又为"月色洁白",依照汉语"声近义通"之原理,从语源上来说,"霸"与"白"二字当属同源,所以,张世超等说"'霸'之言'白'也"。张说可从。

含有"白"字的甲骨文

选自《卜辞通纂》第五七七片(局部) 第44页 郭沫若著 科学出版社 1983年6月第1版

至此,"霸"字的字用与"霸"字构形从

“霏”就吻合了起来。

“白”字，甲骨文写作，金文写作。《说文解字·白部》：“白，西方色也。阴用事，物色白。从入合二，二，阴数。𤽊，古文白。”很显然，许慎的字形分析依据的是其所收古文“白”，与甲骨文、金文不合。至于“白”字的本义，商承祚先生《〈说文〉中之古文考》说：“甲骨文、金文、钵文皆……从日锐顶，象日始出地面，光闪耀如尖锐，天色已白，故曰白也。”“白”字构形与“日”作相近而上部略异，疑即“日”之变体。商先生认为“白”字即以“日始出，天色已白”为象，其说可从。而郭沫若先生《金文丛考》则认为：“此实拇指之象形……拇与白同属唇音，古音之鱼二部亦每通韵，是则拇白一音之转也。拇又名巨擘，擘白亦一音之转也。拇为将指，在手足俱居首位，故白引伸为伯仲之伯，又引申为王伯之伯，其用为白色字者乃假借也。”认为“白”本拇指之象，假借为白色之白。郭说可参。

“霸”、“白”既然同源，而依据商先生的考释，“日始出”之色为“白”，那么，“月始生”之色则为“霸”，这恐怕也就是为什么许慎“霸”字的训释是“月始生霸然也”。

“霸”、“白”二字的同源，也就解释了月相用字的“霸”，在传世文献中为什么会常常被写作“魄”，因为“魄”字从白得声。《说文解字·鬼部》就说：“魄，阴神也。从鬼，白声。”《说文解字》“霸”字下的训释“霸，月始生霸然也”中“霸然”之“霸”，小徐本《说文》即写作“魄”。段注本从小徐本。《玉篇·月部》也说：“霸，《书》：‘哉生霸’，今作魄。”《逸周书·世俘》：“维一月丙午，旁生魄……二月，既死魄。”《法言·五百》：“月未望则载魄于西，既望则终魄于东。”李轨注：“魄，光也。”南朝梁祖暅果《浑天论》：“二弦之月，日照其侧，人观其旁，故半魄半明也。”《辽史·历象志下》：“日有晷景，月有明魄。”唐太宗《辽城望月》：“魄满桂枝圆，轮亏镜彩缺。”唐封演《封氏闻见记·海潮》："虽月有大小，魄有盈亏，而潮常应之，无毫厘之失。"等等，文献中的诸"魄"字均用同"霸"。

同样，"霸"、"白"二字的同源，也就解释了"霸"、"伯"二字在传世文献中为什么常常会混用。《说文解字 · 人部》："伯，长也。从人，白声。"而甲骨文、金文中的"伯"字均写作"白"。从这个意义上说，"白"、"伯"实乃一组古今字，"伯"是在"白"字的基础上增一形符"人"而产生的后起形声字。

据徐中舒先生《甲骨文字典》，甲骨文中的"白"字，除用作"物色之一种"、"数词百"外，即用同"伯"，方伯也。据张世超等编撰的《金文形义通解》，金文中"白"字的字用，延续了甲骨文中的用法而又有发展，除用作白色、白氏、白金外，即用同"伯"：① 首领，一方或一群之长；② 封爵之称，居五等爵位之三；③ 排行之长，与后世文献中的"伯"字用法完全吻合。

而"首领、一方或一群之长"的"伯"，后世文献或延续金文，依然写作"伯"。如，《荀子 · 王霸》："虽在僻陋之国，威动天下，五伯是也。"杨倞注："伯，读曰霸。"《荀子 · 儒效》："用万乘之国则举措而定，一朝而伯。"杨倞注："伯读为霸。言一朝而霸也。"《史记 · 齐太公世家》："天子使晋称伯。"张守节《正义》："伯音霸。"《汉书 · 严安传》："(周衰) 亦三百馀年，故五伯更起。伯者，常佐天子兴利除害，诛暴禁邪，匡正海内，以尊天子。"颜师古注："伯读曰霸。"

又或写作"霸"。《玉篇 · 月部》："霸，霸王也。"唐慧琳《一切经音义》卷八十五："霸，贾注《国语》云：'霸，把也，把持诸侯之权，行方伯之职也。'"《左传 · 成公十八年》："欲求得人，必先勤之，成霸安强，自宋始矣。"《孟子 · 告子下》："五霸桓公为盛，葵丘之会诸侯，束牲载书而不歃血。"《论语 · 宪问》："管仲相桓公，霸诸侯，一匡天下。"《隋书 · 李密传》："秦地阻山带河，西楚背之而亡，汉高都之而霸。"《太平广记》卷二百六十引范资《玉堂闲话》："有怀才抱德及匡时霸国者，皆可爵而任之。"

所以，王力先生在《同源字典》中就说："在王霸的意义上，'伯、霸'实同一词。"

"霸"字由"首领"之义引申而有（文采、才能等）过人之义。如，《文心雕龙·事类》："主佐合德，文采必霸。"清人龚自珍《己亥杂诗》一百三十六："湖山旷劫三吴地，何日重生此霸才。"

"霸"字的"依仗权势或实力横行一方的人"之义，产生很晚，据现有的文献资料来看，大约应当在元明之后。如，《水浒全传》第三十七回："我这里有三霸，哥哥不知，一发说与哥哥知道。"《红楼梦》第四回："无奈薛家原系金陵一霸。"毛泽东《不要四面出击》："我们实行减租减息，剿匪反霸、土地改革，广大农民就会拥护我们。"由指人而又引申为霸占之义。如，《水浒传》第三十一回："花和尚鲁智深……在那里打家劫舍，霸着一方落草。"《二十年目睹之怪现状》第七十七回："他那位老太太，每月要儿子把薪水全交给他，自己霸着当家。"

"霸"字名下除月相名之外的诸义项，严格说起来，都与"霸"这个字形是没有联系的。所以，南唐徐锴《说文解字系传》"霸"字下就说："诸侯之盟主为伯。伯者，长也。是以《周礼》九命作伯，大王为西伯、齐桓、晋文之类，虽音灞，犹作'伯'字尔，后人作'霸'。"

现如今，网络的发展非常迅猛，似亦有称雄称"霸"之势。网络在为人们提供方便快捷的同时，也会有一些不正确甚至是错误的知识信息出现。即以"霸"字为例，查"百度"，"百度百科"中有关"霸"字的解释是这样的（其标注"最近更新"的日期是：2014-03-24）：

形声。字从雨，从"革肉"，"革肉"亦声。"革肉"意为"以皮革裹体"。"雨"和"革肉"联合起来表示"暴雨如注，似鞭子抽打人体，人体只能用皮革裹体来抵挡”。本义：暴雨。转义：1. 被强暴者。2. 赤体（被强暴者扒光的身体）；赤地（被暴雨冲光庄稼的田野）。3. 强暴者。施暴者。

这段文字不知出自何方高手。对此，我们无意再作任何的分析讨论，只是想说，汉字是以形表义的文字系统；对字形乃至结构的凭空猜想，其词义的训释也就成了“无源之水”、“无根之木”，更何况缺乏文献例证，因此，所作的任何一种训释，即便是华丽而吸引眼球，都不足为凭。我们相信读者朋友是有同感的。

清 · 陈鸿寿篆刻“月明满地相思”

引自《千里共婵娟——中华中秋 · 月亮诗词品读》第 32 页 陆坚 主编 西泠印社出版社 2011 年 8 月第 1 版

月“盈”则食

月亮是地球的卫星，靠反射太阳光才亮。它在绕着地球运转的同时，还与地球一道绕太阳运转。由于太阳、月亮、地球三者相对位置的不断变化，在不同的日期里，月亮被照亮的部分每每不同，因而我们看到的月亮也就每每不同。月亮一圈圈地绕着地球转，它的形状也一遍一遍有规律地变化着，由亏到盈，又由盈到亏。这就是我们所说的月相变化，也是一种自然现象。所以，《周易 · 丰卦》就说：“日中则昃，月盈则食。”唐人孔颖达疏：“日中至盛，过中则昃；月满则盈，过盈则食。”

“盈”字的出现较晚，未见于甲骨文、金文，而始见于《睡虎地秦简》，由此推断，应该在战国中晚期之后。“盈”，睡虎地出土的战国时期秦简写作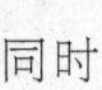、，与小篆一致，构形均从夃、从皿，属秦系文字。《说文解字 · 皿部》说：“盈，满器也。从皿、夃。”然而，唐代慧琳《一切经音义》卷十二“盈储”注所引《说文》

却作："器满也。从皿，从夃，夃声也。""满器"作"器满"，字的顺序不同，词义差别不大。比较今本《说文》与慧琳《一切经音义》所引，其最大的不同就在于："盈"字构件当中的"夃"是否表声？换句话说，"盈"到底是纯会意字，还是一个会意兼形声的字呢？这就有必要考察一下"夃"字的音义。

月相变化图

引自《二十四节气常识一本通》第5页 张超 编著 中国纺织出版社 2012年10月第1版

"夃"的字义为买卖多获利。《说文解字·夊部》说："夃，秦以市买多得为夃。从乛，从夊。益至也。从乃。《诗》曰：'我夃酌彼金罍。'"桂馥《说文解字义证》说："买，当为卖。"只有多卖才能多得。桂说可从。"夃"字的核心之义为"多"，而"盈"之义为"器满"或"满器"，所以，段玉裁"盈"字下注云："秦以市买多得为夃，故从夃。"又，《古今韵会举要·庚韵》说："赢，或作夃。"据《古今韵会举要》，"夃"即"赢"字的异体，《汉语大词典》也说："赢，yíng，亦作夃。"而"赢"之义即"经商获得的利益"，这与"夃"之义为"买卖多获利"是一致的。如，《管子·轻重乙》："故善者不如与民量其重，计其赢，民得其十，君得其三。"《史记·龟策列传》："商贾不强，不得其赢。"由此，我们大概可以认为，"盈"字的构形应当分析为"从皿，从夃、夃亦声"。慧琳所引不误。

"盈"，后世字又或写作"盁"，当是"盈"之省写。《汉印文字徵》中所收的"盁"字写作。《字汇补·皿部》说："盁，汉《灵台碑》盈字。"《隶释·成阳灵台碑》"历经盁千，垂遗爱兮"洪适注："盁，盈字。"

"盈"字构形从皿从夃，而"皿"是盘盂碗盏一类饮食盛器的总称，"夃"为"买卖多获利"，所以，"盈"字的本义即为充满、满。《说文》说："盈，满器也。"段玉裁《说文解字注》就说："满器者，谓人满宁（贮）之。"意思是说，人将器皿充满。所以，《广雅·释诂四》的训释就说："盈，充也。"如，《周易·比卦》："有孚盈缶。"《诗·周南·卷耳》："采采卷耳，不盈顷筐。"《论衡·论死》："以囊橐盈粟米。"《金史·徒单兀典传》："随军妇女弃掷幼稚，哀号盈路。"鲁迅《集外集·湘灵歌》："鼓完瑶瑟人不闻，太平成象盈秋门。"上引文献中的诸多"盈"字均为充满之义。另外，《睡虎地秦简》有语云："不盈百石。""盈"也即充满、满之义，足证许慎的训释是正确的。

器皿充满之后也称作"盈"，这个时候的"盈"为形容词。或许就是因为这一细微的区别，唐人慧琳《一切经音义》将《说文》"满器也"引作"器满也"吧。汉语中即有"充盈"一词，意思就是"充满"、"充足"。如，《荀子·赋》："充盈大宇而不窕。"《汉书·刘向传》："今王氏一姓乘朱轮华毂者二十三人，青紫貂蝉充盈幄内。"这两处的"充盈"意即"充满"。又如，《管子·八观》："国虽充盈，金玉虽多，宫室必有度。"《尸子》卷下："是故万物莫不任兴，蕃殖充盈，乐之至也。"而这两处的"充盈"则意为"充足"。

"盈"字由满、充满之义又引申而有丰满、饱满之义。如，《西游记》第四十回："霜雕红叶林林瘦，雨熟黄粱处处盈。"这里的"盈"即饱满之义。汉语中又有"丰盈"一词。"丰盈"意即丰满，用处较为广泛，既可形容人之体貌，如，《文选·宋玉〈神女赋〉》"貌丰盈以庄姝兮，苞温润之玉颜"李善注："丰盈，肥满也。"宋人司马光《涑水记闻》卷九："此儿丰盈，亦有福相。"也可指年谷的丰熟、丰收，如，《战国策 · 赵策一》："农夫登，年谷丰盈。"清人钱之青《宿村家》诗："夜阑闻笑语，今岁喜丰盈。"还可指资财丰富或物产丰饶，如，元关汉卿《玉镜台》第二折："但能人心至诚，也不须礼物丰盈。"清人薛福成《代李相伯复醇贤亲王书》："惟以中国土壤之博，物产之丰盈，人才之盛，十倍于西洋各国。"

"盈"字由丰满、饱满之义引申而特指月亮的满、圆满。如，《礼记 · 礼运》："和而后月生也，是以三五而盈，三五而阙。"孔颖达疏："盈，谓月光圆满。"宋人沈括《梦溪笔谈 · 象数一》也说："日月之形如丸，何以知之？以月盈亏可验也。"

颗粒饱满的谷穗

引自《丰收庆典》第 40 页（美）汤普森 等著 姜乐英 译 北京大学出版社 2006 年 4 月第 1 版

“盈”字构形从皿，又从夃得声兼义，而“夃”乃“赢”字异体，“盈”与“赢”之间似乎就注定了必将产生某些联系。“盈”、“赢”二字均属余母耕部，古音相同。

“赢”字的本义为经商获得的利益或者说作买卖所获得的利益。《说文解字·贝部》说：“赢，有余贾利也。从贝、赢声。”清人钮树玉《说文解字校录》说：“《韵会》引作‘贾有余利也’，恐非。当是有余也，贾利也。”钮说可从。引申而有“有余”之义。《广雅·释诂三》就说：“赢，余也。”又引申而有“充满”、“壮盛”之义。《玉篇·贝部》就说：“赢，溢也。”如，《墨子·非儒下》：“夫饥约，则不辞妄取以活身。赢饱，则伪行以自饰。”清人王念孙《读书杂志》说：“赢之言盈也……盈饱即赢饱，正对上文‘饥约’而言。”

“盈”由充满、满之义引申而有“有余”之义，而“赢”则由获利、有余之义引申而有“盈满”、“多”之义，于是，本来只是读音相同、字义不同的两个字，在后来的词义引申发展过程中便出现了互相通用的现象，即“盈”可写作“赢”，“赢”也可写作“盈”。如，本当作“盈”而写作“赢”之例：《马王堆汉墓帛书·经法·亡论》：“赢极必静，动举必正。”《素问·六节藏象论》：“关格之脉赢，不能极于天地之精气，则死矣。”林亿《新校正》云：“古文赢与盈通用。”《新唐书·李大亮传》：“首领拜将军、中郎将，列五品者赢百员。”清王韬《代上广州府冯太守书》：“以中国财力之富，人民之众，材质之赢，智巧之生，操作之勤，制造之精，何遽出西国下？”又如，本当作“赢”而写作“盈”之例：汉蔡邕《攀惠渠歌并序》：“泯泯我人，既富且盈。”《九章算术·盈不足》：“今有共买物，人出八，盈三；人出七，不足四。”《广雅·释诂四》：“馀，盈也。”王念孙疏证：“盈亦馀也，语之转耳。《汉书·食货志》云：‘蓄积馀盈。’《后汉书·马援传》云：‘致有盈馀。’盈与赢通。”《尔雅·释诂下》“鞠，盈也”郝懿行义疏：“盈之言赢也。赢者，有馀贾利也。是赢、盈声同。”《文选·古诗十九首》

“盈盈楼上女”李善注：“盈，与嬴同，古字通。”柳宗元《永州崔中丞万石亭记》“既盈其数”蒋之翘《辑注》：“盈，一作嬴。”

不仅如此，在一些词语上也会出现互用，甚至是混用的现象。如，“赢余”，或写作“盈余”；“赢亏”，或写作“盈亏”；“赢缩”，或写作“盈缩”；“赢绌”，或写作“盈绌”；“赢朒”，或写作“盈朒”；“赢利”，或写作“盈利”；“赢藏”，或写作“盈藏”；“盈饱”，或写作“赢饱”，等等。

说到“盈”字，有必要再说说与之有同源关系、且文字构形也从皿的“益”字。“益”字甲骨文写作、，构形从水从皿，本义为水从器中漫出，引申为水涨。《说文解字 · 皿部》说：“益，饶也。从水、皿。皿，益之意也。”段注本作“水、皿，益之意也”。“饶也”应当是“益”字的引申义。李孝定先生《甲骨文字集释》就说：“益用为饶益、增益之义既久，而本义转晦，遂别制溢字……此字当以泛溢为本义。”如，《吕氏春秋 · 察今》：“澭水暴益，荆人弗知，循表而夜涉，溺死者千有余人。”高诱注：“益，长。”这一意义的“益”后来都写作“溢”，文字构形上又增一形符“水”。清人王筠《说文释例》卷四就说：“益之水在皿上，则增益之意，即兼有泛溢之意。溢似后来分别文。”也就是说，在“水溢出器皿”、“水涨”的意义上，“益”、“溢”为一组古今字，“益”为古字而“溢”为后起的今字。

“盈”字古音属余母耕部，而“益（溢）”字古音为余母锡部，二字声同纽、韵为阳入对转，古音相近。“盈”、“益”二字构形均从皿，且字义相同。《说文解字 · 水部》说：“溢，器满也。”又《皿部》说：“盈，器满也。”是“盈”、“益（溢）”二字同意。再来看看别的字书或古书注释对这二字的训释。如，《尔雅 · 释诂》说：“溢，盈也。”《广雅 · 释诂一》：“溢，满也。”过满为溢，《孝经 · 诸侯》说：“满而不溢。”又，《广雅 · 释诂一》：“盈，满也。”《诗 · 邶风 · 匏有苦叶》“有弥济盈”传：“盈，满也。”《易 · 坎卦》“坎不盈”虞注：“盈，溢也。”

《礼记 · 祭义》“乐主其盈”注:“盈,犹溢也。”所以,王力先生《同源字典》就认为“盈”、“溢”二字为同源字:“‘溢’字从益得声,古音应属锡部,与耕部的‘盈’对转。”

古文献中,“盈”、“益(溢)”二字常常互作或互训。如,《尸子》卷上“此其分万物以生益”汪继培《辑注》:“益,原作盈。”《易 · 坎》“坎不盈”李鼎祚集解引虞翻曰:“盈,溢也。”《资治通鉴 · 魏纪三》“附己者则叹之言”胡三省注:“盈,溢也。”《礼记 · 祭义》“故礼主其减,乐主其盈。礼减而进,以进为文;乐盈而反,以反为文”郑玄注:“盈,犹溢也。”萧统《文选序》“词人才子,则名溢于缥囊;飞文染翰,则卷盈乎缃帙”吕向注:“盈、溢,言多也。”

由“盈”、“溢”二字,我们或许还会联想到许多。

我们说,月亮的盈亏变化,是一种自然现象,而“月盈则食”则是古人在长期的观察后总结出来的自然规律。不仅如此,在日常的生活中,古人同样可以观察到,水蓄满到最大限度就会漫溢出来,由此则总结出“水满则溢”。“月盈”、“水满”本来是毫无关系的两件自然界的事情,但古人在长期观察之后所总结出的,无论是“月满则食”还是“水满则溢”,其规律是一致,正如唐人孔颖达所说:“盛必有衰,自然常理。”这大概就是《周易 · 系辞下》所说的“古者包羲氏之王天下也,仰则观象于天,俯则观法于地,观鸟兽之文与地之宜。近取诸身。远取诸物,于是使作八卦,以通神明之德,以类万物之情”吧,这种规律,用我国的一句名言来说,就是“物极必反”。

也许是基于这一认识,由此及彼,古人又由此引申而上升到一个更高的层面对其予以解释:这就是《尚书 · 大禹谟》所说:“满招损,谦受益,时乃天道。”

所以,《周易 · 谦卦》彖辞就说:“谦亨,天道下济而光明,地道卑而上行。天道亏盈而益谦,地道变盈而流谦,鬼神害盈而福谦,人道恶盈而好谦。谦尊而光,卑而不可逾,君子之终也。”

月满则“亏”

飕飕风露发根凉，月落菱歌尽意长。

分得镜湖才一曲，吃亏堪笑贺知章。

——宋·陆游《夏日》

俗话说：“吃亏是福。”

那么，“亏”又究竟是何物？又是怎么个吃法？这两个问题恐怕一时还真不好回答。在回答这两个问题之前，我们还是先来说说“亏”这个字吧。

“亏”字的繁体写作“虧”。在古代汉语中，“亏”与“虧”本来是形音义均不相同的两个字。

“亏”字出现很早，甲骨文写作、，金文写作、，古音属云母鱼部，

今音yú。《说文解字 · 亏部》说:“亏,於也。象气之舒亐。从丂,从一。一者,其气平之也。凡亏之属皆从亏。”隶变之后,今写作“于”。“於”本来是“乌”的古文,后来借用作语气助词,如“於呼”,也写作“乌呼”,许慎以“於也”释“于”,即取其语气助词之义,所以,段玉裁“亏(于)”字下就说:“於者,古文乌也。乌下云:‘孔子曰:“乌,亏呼也。”取其助气,故以为乌呼。’然则以‘於’释‘亏’,亦取其助气。”《说文解字 · 丂部》又说:“丂,气欲舒出,勹上碍于一也。丂,古文以为亏字,又以为巧字。凡丂之属皆从丂。”依据许慎的考释,无论是“亏”还是“亏”字所从的“丂”,都是与“气”有密切的关系。

当然,关于“亏”字的考释,还有其他不同的意见,例如,李孝定先生《金文诂林读后记》就说:“字作者,实为其本字,作‘于’者其省文也,字盖‘竽’之象形初文,竽为管乐,字象管之曲折,吹之成声,故引申有气之舒于之义,用为语词,则为假借。”“竽”是古代的一种簧管乐器,形似笙而略大。《说文解字 · 竹部》说:“竽,管三十六簧也。”《玉篇 · 竹部》:“竽,三十六簧乐也。”《周礼 · 春官 · 笙师》“笙师掌教吹竽、笙、埙、籥、箫、篪、篴、管”郑玄注引郑司农云:“竽,古十六簧;笙,十三簧。”《韩非子 · 解老》:“竽也

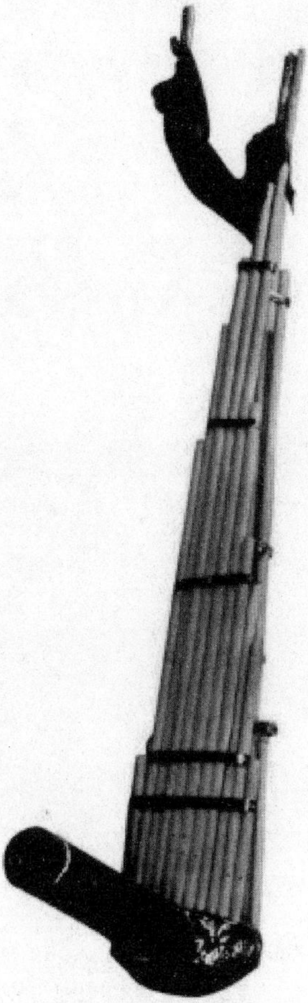

马王堆汉墓明器“竽”

引自《马王堆汉墓不朽之谜》第50页 傅举有 著 浙江文艺出版社 2011年7月第1版

者，五声之长者也，故竽先则钟瑟皆随，竽唱则诸乐皆和。”依照李孝定先生的考释，“亏”既为“竽”之初文，而“竽”属管乐，须用力吹奏，依然是与气密切相关。

两汉吹竽乐人

引自《中国古代乐器百图》金家翔编绘 安徽美术出版社 1995年5月第1版

现在我们再来看看“亏”的繁体“虧”。“虧”字的出现较晚，未见于甲骨文、金文，而始见于《说文》，据此推断，大概在秦汉之后才出现。《说文解字 · 亏部》说：“虧，气损也。从亏，虍声。虧，虧或从兮。”大家都知道，汉字中的形声字是由形、声两个部分组成的，其中，形是表示这个形声字的意义类属或字义范围。“虧”字构形从“亏”，词义自然就与气相关，所以许慎以“气损也”释“虧”。“虧”字的异体或写作“虧”，构形从“兮”。《说文解字·兮部》说：“兮，语所稽也。从丂、八，象气越亏也。”此处的“稽”为“留止”或“延误”、“延迟”之义。《管子·君臣上》“是以令出而不稽”尹知章注：“稽，留也。”晋陶潜《杂诗》之十：“闲居执荡志，时驶不可稽。”所谓“语所稽”，是说语句中的停顿。由此可知，“兮”之义亦与气相关，所以，段玉裁注云：“亏、兮皆谓气。”

至此，依据许慎的训释，我们知道了“虧”字的本义就是“气损”。而所谓“气损”，顾名思义，就是气流减少或缺失。南唐徐锴《说文解字系传》说：“气阙则其出舒迟，故从于。”“阙”即“缺”。众所周知，“气”是生命之本。俗话就说：“人活一口气。”依照中医理论，世间的万事万物均离不开气，人自然也不例外。而“气损”之于人的最直接表现就是体内之气运行不畅，呼吸短促。汉语中有“气短”一词，说的就是呼吸短促的意思。如，《红楼梦》第一〇五回：“老太太也苏醒了，又哭的气短神昏，躺在炕上。”除了生病，人如何才会出现“气损”或“气短”的现象呢？关于这一点，相信大多数朋友都有过体会：人在遭受损失或受到委屈后的生理反应，通常都会出现“气损”或“气短”的现象，也就是俗话说的“咽不下这一口气”。咽不下才会导致“气损”或“气短”；咽得下了，体内之气也就顺了。所以，从这个意义上说，所谓的“虧”，就是一种“气”，只是这种“气”特别难“吃”。今“虧”字简化写作“亏”，只保留了原字的形符而弃其声符，如此简化，虽不尽合理，但似乎也还算“气顺”，能说得过去，毕竟与“气”的联系并没有断。

“虧”字由“气损”之义又引申出许多与“损”相关的词义。清人段玉裁就说：“引申凡损皆曰虧。”比如引申而有“缺损”之义。《楚辞·天问》：“八柱何当？东南何虧？”王逸注：“东南不足，谁虧缺之也？”《史记·范雎蔡泽列传》:“日中则移,月满则虧。”金人元好问《鹧鸪天》:“云聚散,月虧盈,海枯石烂古今情。”又引申有“减少”之义。如,《周易·谦卦》:“天道虧盈而益谦。”孔颖达疏:“虧,谓减损,减损盈满,而增益谦退。”《韩非子·扬权》:“厚者虧之,薄者靡之。”

由“减少”又引申而有“差欠”、“虧欠”之义。如,《尚书·旅獒》:“为山九仞,功虧一篑。”意思是说,堆九仞高的山,只差一筐土而未能成功。孔安国传:“未成一篑,犹不为山,故曰功虧一篑。”今成语“功虧一篑”,即以此比喻做一件事只差最后一点努力未能完成,多含惋惜意。宋司马光《投壶新格》:“夫为山九仞,功虧一篑。全壶实难,故君子贵之。”

又由““差欠”、“虧欠”引申出“毁坏”、“伤害”之义。如,《诗·鲁颂·閟宫》:“不虧不崩,不震不腾。”郑玄笺:“虧、崩皆谓毁坏也。”《韩非子·孤愤》:“重人也者,无令而擅为,虧法以利私。”伤害。《墨子·兼爱》:“执其兵刃毒药水火以交相虧贼。”汉司马迁《报任安书》:“今已虧形为扫除之隶。”

又引申有“亏空”、“蚀本”之义。如,徐珂《清稗类钞·饮食类》:“居无何,谢以虧帑黜。”毛泽东《中国社会各阶段的分析》:“他们每逢年终结账一次,就吃惊一次,说:‘咳,又亏了!’”今汉语中有“自负盈亏”一词。

汉语中,“虧”字又常用为侥幸之词,表示借以免除困难的意思。如,元人关汉卿《玉镜台》第四折:“学士,多虧了你也。”《红楼梦》第九十七回:“虧了紫鹃还同着秋纹,两个人搀扶着黛玉到屋里来。”今汉语口语中常用“多亏”、“幸亏”、“亏得”等词。又或用作反语,即“幸亏”、“亏得”的反说,表示斥责或讥讽。如,明李开先《一笑散》:“夺泥燕口,削铁针头……虧老先生下手。”《红楼梦》第二十回:“凤姐啐道:‘虧了你还是个爷,输了一二百钱就这么着!”鲁迅《彷徨·祝福》:“你是什么意思?亏你还会再来见我们。”“虧”字的这两个意义与其本义“气损”之间恐怕就没有什么关系了。

说到“虧”字，有一个字似乎也得说说，这就是与“虧”字有同源关系的“缺”字。

“缺”与“虧“字一样，也是一个出现较晚的字，未见于甲骨文、金文，而始见《说文》。《说文解字 · 缶部》说：“缺，器破也。从缶，决省声。”

《月下三友图》现代 · 潘天寿

引自《千里共婵娟——中华中秋 · 月亮诗词品读》第179页 陆坚 主编 西泠印社出版社 2011年8月第1版

“器破”为“缺”，“气损”为“虧”，而“破”、“损”二字又同义，“破”即“损”，“损”亦即“破”，《广雅·释诂一》说：“破，坏也。”张相《诗词曲语辞汇释》卷三也说：“损，犹坏也。”“破坏”也即“损坏”。今汉语中仍有“破损”一词，属同义词连用。所以，从词义上说，“虧”、“缺”二字属同义词。这也就难怪在古文献中，“虧”、“缺”二字常常互训。如，《元包经传·仲阴》“月之虧”李江注：“虧，缺也。”唐慧琳《一切经音义》卷十一“虧徵”注引王逸注《楚辞》云：“虧，缺也。”《广韵·支韵》：“虧，缺也。”唐慧琳《一切经音义》卷四十五“虧於”注引《说文》：“虧，缺也，损也。”《文选·司马相如〈子虚赋〉》“日月蔽虧”张揖注：“虧，缺，半见也。”诸例即以“缺”释“虧”。又如，《文选·刘向〈移书让太常博士〉》“书缺简脱”李周翰注：“缺，虧也。”《玉篇·缶部》：“缺，虧也，破也。亦作缺。”唐慧琳《一切经音义》卷四“无缺”注引《苍颉篇》：“缺，虧也。”诸例即以“虧”释“缺”。

“缺”是“缺”的异体字。唐慧琳《一切经音义》卷一：“缺，《苍颉篇》：‘虧也。’《说文》：‘器破也。从垂，从夬。或从缶作缺，亦同。”《老子》第五十八章：“其政察察，其民缺缺。”河上公注：“政教急，民不聊生，故缺缺日以疎薄。”《文选·江淹〈诣建平王上书〉》：“不图小人固陋，坐贻谤缺。”吕延济注：“缺，毁也。”宋陆游《入蜀记》：“游宝华尼寺，拜宣公祠堂，有碑，缺坏磨灭之馀，时时可读。”

“虧”字古音属溪母歌部，而“缺”字古音属溪母月部，声母相同而韵乃阴入对转，二字古音相近。从语源学的角度说，“虧”“缺”二字当属同源无疑。

“虧”、“缺”二字的同源应该是没有什么疑义的。古文献中，“虧”、“缺”二字还常连用，写作“虧缺”，意思是缺损不全、欠缺。如，汉司马迁《报任少卿书》：“若仆大质已虧缺矣。虽材怀随和，行若由夷，终不可以为荣，适足以见笑而自点耳。”唐刘知几《史通·点繁》：“如其间有文句虧缺者，细书侧注于其右。”明刘基《养志斋记》：“孔门弟子，以孝称于圣人而扬于后世者，闵子、曾子而已。游夏之徒，则各有虧缺。”字也或写作“缺虧”。如，宋曾巩《胡君墓志铭》：“其事亲，其居家，其与人游，不见其缺虧。”宋曾巩《永安县君谢氏墓志铭》：“严严秀目，不见缺虧。”今汉语中还有“亏缺”一词。如，钟敬文《我的这颗心儿》：“我的这颗心儿，有如长空皎月：有时满吐光明，有时形象亏缺。”

“虧”、“缺”二字同源，似乎也解释了为什么文献中有关月相变化的用字，既可以说“月有圆缺”，也可以“月有盈亏”。

“月虧”，也可说“月缺”，均指月形残缺不圆满。如，《史记·匈奴列传》：“举事而候星月，月盛壮则攻战，月虧则退兵。”《晋书·卫恒传》：“象形者，日满、月虧，效其形也。”如，宋人苏轼《水调歌头》则有诗句“人有悲欢离合，月有阴晴圆缺，此事古难全。但愿人长久，千里共婵娟。”鲁迅《彷徨·肥皂》：“玉盘似的月亮现在白云间，看不出一点缺。”

“虧”也好，“缺”也罢，都是一种残缺。其实，残缺也是一种美。残月很美，有诗就说，“仰首是春，俯首是秋，月圆是画，月缺是诗”；有残缺的艺术品依然很美，维纳斯的美或许就在于它的断臂。美在心情，美在感受。这或许可以说是“吃亏是福”的最好的诠释。

说到“吃亏是福”，不由得想起一首与之相关，且已盛传大江南北的古诗：

千里修书为一墙，让他三尺又何妨；

长城万里今犹在，不见当年秦始皇。

有关这首诗的作者，可谓是众说纷纭，但已经不重要了。重要的是，古诗所体现的以宽厚待人的中国传统文化底蕴在熏陶着一代又一代的中国人。其精髓就在于“让他三尺又何妨”：“让他三尺”是一种“亏”，是一种“损失”，而“又何妨”则是一种心态，是一种心情。所以，从这个意义上说：“吃亏”又何止是福，它更是一种态度，是一种智慧。

纪时篇

〖“时”和年丰〗

对于人们来说，最难捉摸、也最为无奈的一个实体，恐怕就是“时间”了。它看不见、摸不着，却又与你如影相随。

时间，既不能用尺子去量，也无法用秤来称。在自然界中，与人们日常生活最为密切相关的物体是太阳：它的出现，大地才有光亮，人们可以自由活动；它的没落，大地则一片黑暗，人们只好休息。所有这一切的表象都驱使着人们对其进行观测。远古时代，先民们经过长年累月的观察，发现了太阳速度均匀地“东起西落”、有规律地周而复始，由此渐渐产生了“日”(一日)的概念。在以后岁月中，“日”也名正言顺地成为度量时间的最基本单位。在我们所使用的汉字系统中，诸多与时间有关的字，如“旦、晨、晓、晏、昼、昏、晚、昨、昔……”等，都从“日”构形就足以说明了这一点。

中国自古就以农业立国，所以，中国的古人非常重视时间，尤其是与农事有关的“时”、“天时”。古人所谓的“天时”，是指一年四季，包括风、雨、雷、电等直接关系农事活动的自然现象。这些都是由上天主宰的，所以被称为“天时”。《孟子·梁惠王上》云：“不违农时，谷不可胜食也。”《荀子·王制》云：“春耕、夏耘、秋收、冬藏，四者不失时，故五谷不绝而百姓有余食也。”《韩非子·功名》云：“非天时，虽十尧不能冬生一穗。”《吕氏春秋·审时》云：“夫稼，为之者人也，生之者地也，养之者天也。是故得时之稼兴，失时之稼约。”《齐民要术》云：“顺天时，量地利，则用力少而成功多，任情返道，劳而无获。”《农书》云：“力不失时，则食不困。……故知时为上，知土次之。”这些文献中所谓的“时”或“天时”，实际上就是指关系农事成败的时令、气候。

那么，“时”字的本义又究竟是什么呢？这就有必要上溯“时”字的古文字形体来考察。

“时”的繁体字写作“時”。《说文解字·日部》说：“時，四时也。从日，寺声。旹，古文时，从之、日。”甲骨文中的“時”字写作、，金文作，与《说文》所收古文“旹”相同。商承祚先生《殷虚文字类编》就说：“此（甲文）与许书古文合。汉《无极山碑》時亦作旹，尚存古文遗意。”南唐徐锴《说文解字系传》说：“古文（旹）从日，之声。”由此可知，甲骨文、金文及《说文》中的古文“旹”是一个会意兼形声字。从甲骨文、金文到《说文》古文，“旹”字构形均从日从之。“日”为太阳，而“之”有行走之义。《尔雅·释诂上》说：“之，往也。”《小尔雅·广诂》也说：“之，适也。”《诗·鄘风·载驰》：“百尔所思，不如我所之。”罗振玉先生《增订殷虚书契考释》说：“（之）卜辞从止、从一，人所之也。《尔雅·释诂》：‘之，往也。’当为‘之’之初谊。”“旹”字构形从日从之，以会“太阳在空中行走”之义。“太阳在空中行走”与“时间”之间

又有什么关系呢？这是因为远古时期的古人计算时间，总是根据太阳在空中运行的位置，或它在地上的投影运行的情况来决定的。“旹”字的构形可以说是古人测日记时的见证。

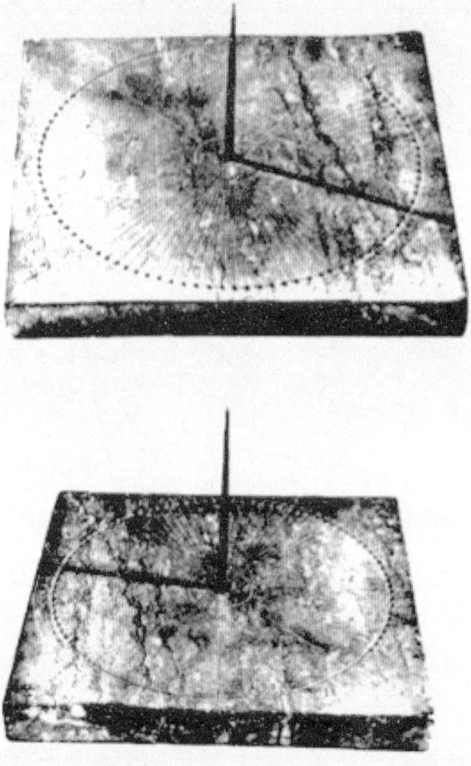

河南洛阳出土的汉代日晷

引自《时间雕塑：日晷》第 12 页
王昌德 张建卫 编著 安徽科学技术
出版社 2006 年 5 月第 1 版

“旹”字的构形取象与古文献中有关“观象授时”的记载也是相吻合的。《尚书·尧典》说：“乃命羲和，钦若昊天，历象日月星辰，敬授民时。”这段话的意思是说：尧用羲氏和氏家族中之贤能者，敬顺天理，观测日月星辰的运行，掌握其规律，以审知时候而授民，便于农事。又云：“帝曰：咨，汝羲暨和。期三百有六旬有六日，以闰月定四时成岁。允釐百工，庶绩咸熙。”这一段意思是，帝尧说：你们羲氏和氏子弟，观测天象，得知春夏秋冬一年有366日，又以置闰月的办法调配月与岁，使春夏秋冬四时不差，这就可以信治百官，取得各方面的成功了。可见上古帝王对观象制历非常重视。

刘桓先生在其《古代文字研究》一文中对甲骨文中的另一构形的“時”字作了充分的考证，其语云：“卜辞有（《粹》499）字的下端从日，是日光，或可省略，其意不变。字的上端，则象以手持杆立于土上之形。又（手）偶可省去，显然，这是个会意字，表示是在测量日影。根据我国古神话传说及《史记》《尉缭子》的记载，说明‘立木为表以视日景’的方法，必起源甚早。而甲骨文正说明殷代即有立表度日以记时之法，可与这些传说、记载互证。从古文字学角度说，字当释为‘時’。”刘先生的考释有说服力，可从。

甲骨文中的、大概是古人为“测日记时”造的两个取象稍异的字：前者以“太阳在空中行走”为象，而后者则以“手持杆立于土上测日”为象。取象有异，其意一致。

由甲骨文、金文及《说文》古文，我们大概可以说“時”字的本义应当就是“测日记时”。

繁体“時”字的出现大概比较晚，《古陶文字徵》所收“時”字作，构形从日从之从又，较甲骨文、金文增一“又”形。这大概就是所谓的“以手持杆立于土上之形”之写照吧。石鼓文写作，睡虎地出土秦简写作、，为小篆所本，均属秦系文字。只是文字构形将陶文所从之“又”变作了“寸”。“寸”字构形即从又从一，古文字构形中，“又”、“寸”可通。

我们从“時”字的构形还依然能看出“测日记时”之痕迹。安子介先生的《解开汉字之谜》对繁体的“時”字作过更为有趣的解释，他认为“時”反映了古人测量太阳位置的方法:“時”字拆成三部分,即日、土和寸(手)后,同样也能得到满意的解释,就是“在地(土)面上测量(寸)太阳(日)的位置”。古人认为不论太阳在哪一个方向,它的影子总是有的。人们根据日晷的移动来具体测定时间,在古籍中不乏记载。安先生的构形分析虽然可以商榷,但其释义倒也吻合。简化字“时”的从日从寸,是会意字,其结构同样保持了“测日记时”的原貌。

由观测太阳运行而测得“四季”,所谓“定四时成岁”,所以“時”字引申而有“四时”之义。《说文》以“四时”释“時”,即其引申义。《玉篇·日部》:“時,春夏秋冬四時也。”《尚书·尧典》:“乃命羲和,钦若昊天,厤象日月星辰,敬授人時。”《论衡·調时》:“积日为月,积月为時,积時为岁。”清人顾炎武《日知录》卷一:“是故天有四時,春秋冬夏,风雨霜露,无非教也。”诸“時”均为“季节”、“四时”之义。

古文献中,“時”字的“季节”之义为常见之义。这从后世由“時”字构词的诸多词语中,“時”依然保留“季节”之义也可得知。如:“時田”指四时田猎;“時令”犹月令,古时按季节制定有关农事的政令,也指季节;“時行”即四时运行;“時衣”即四时的衣服;“時花”即应季节而开放的花卉;“時祀”即四时的祭祀;“時若”即四时和顺;“時协”即四时和畅;“時和年丰”即四时和顺,五谷丰收,用以称颂太平盛世;“時季”即季节;“時享”亦作“時飨”,即太庙四时的祭祀,古代帝王臣民都行时享之礼;“時祉”即四时幸福,旧时常为书信结尾的祝颂语;“時政”犹时令,按岁时节令制定的有关农事的政令;“時食”即四季应时的食品;“時帝”指春帝太皞、夏帝炎帝、秋帝少皞、冬帝颛顼及中央帝黄帝;“時贡”即四时的进贡;“時候”季节、节候;“時教”即四时进行的教育;“時进”即四时的收入;“時祭”即四时的祭祀;“時朝”即谓依四时而朝见;“時节”即四时的节日,也指节令、季节;“時绥”即四时安好,旧时书信末端的祝颂语;“時变”即四时季节的变化。

“時”字由“四时”、“季节”之义引申又有“时辰”之义。我国古代以一昼夜分为十二时辰，每一时辰又分为初、正，合为二十四小时。《广韵·之韵》：“时，辰也。”《正字通·日部》：“时，十二时。”《周礼·天官·阍人》：“以时启闭。”郑玄注：“时，漏尽。”《资治通鉴·唐宪宗元和十二年》：“晡时，门坏。”《儒林外史》第十回：“天生一对好夫妻，年月日时无一不相合。”

子初	23时－0时	午初	11时－12时
子正	0时－1时	午正	12时－13时
丑初	1时－2时	未初	13时－14时
丑正	2时－3时	未正	14时－15时
寅初	3时－4时	申初	15时－16时
寅正	4时－5时	申正	16时－17时
卯初	5时－6时	酉初	17时－18时
卯正	6时－7时	酉正	18时－19时
辰初	7时－8时	戌初	19时－20时
辰正	8时－9时	戌正	20时－21时
巳初	9时－10时	亥初	21时－22时
巳正	10时－11时	亥正	22时－23时

二十四时辰古今对照表

引自《中国古代天文历法》 第52页 李东生 编著 北京科学技术出版社 2009年4月

“時”的“时辰”之义，根据清人顾炎武等人的考证，大约始于汉代。顾炎武《日知录》卷二十就说：“古无以一日分为十二时之说。……自汉以下，历法渐密，于是以一日分为十二时，盖不知始于何人，而至今遵用不废。”赵翼《陔余丛考》卷三十四也说：“古时本无一日十二时之分。……其以一日分十二时，而以干支为纪，盖自太初改正朔之后。历家之术益精，故定此法。”依照顾炎武、赵翼的考证，一天分为十二时是从汉代开始的,而用干支纪时则始于汉武帝太初改历之后。

“時”字又引申有光阴、岁月之义。清段玉裁《说文解字注·日部》就说:“时,引申之为凡岁月日刻之用。”如,《吕氏春秋·首时》:“天不再与,时不久留。”汉曹操《精列》:“君子以弗忧年之暮奈何,时过时来微。”

“時”字的词义虚化,大概出现得比较早。据《金文形义通解》,金文中的“時”字用作副词,意为“时常”。如,《中山王嚳壶》:“於虖(呜呼),夋(允)哉若言!明[illegible]之于壶而旹(時)观焉。”金文中“時”字的这一用法,显然是其引申义,词义已经虚化为副词。后世文献中,“時”字也经常用作副词,相当于“常常”、“经常”,与金文中的用法一致。如,《韩非子·八经》:“阴使时循以少衰。”唐人岑参《函谷关歌送刘评事使关西》诗:“请君时忆关外客,行到关西多致书。”清人查继佐《罪惟录·外志总论》:“须时警饬之,不使有过。”

现如今,“時”字简化写作了“时”。其实,“时”字也是颇有来历的。辽僧行均编撰的《龙龛手鉴·日部》就指出:“旹”是“時”的古文,而“时”又是“旹”的古文。行均的这种说法不足为凭,因为“旹”显然是“旹”的讹变体,而“时”字的出现不可能早于“旹”,至少在现有的古文字资料中尚未发现“时”字的存在。尽管如此,但据此推断,“时”字的出现也不会太晚,应该是魏晋之后在佛教界出现的“時”字的省写俗体。古人在制历的进程中,由远古时期的“观象授时”到“观象制历”再到后世的“推步测定”,这是巨大的进步。这种进步其实也直接反映在了文字构形的演变过程之中。自古至今,“時”字的构形经历了一个由“旹”→“時”→“时”的繁省过程:由起初的“旹”字从日从止、突出强调“太阳运行”,到后来的“時”字从日从止从寸(又)、开始突出人的作用,再到后来的“时”字从日从寸(又)、完全强调人的“推步测定”,这一字形的繁省过程,不知是巧合还是有意为之,不正好与古人的制历进程相吻合吗!细细品味,这其中的意味还真是颇为深长的。

〖"圭"表测影〗

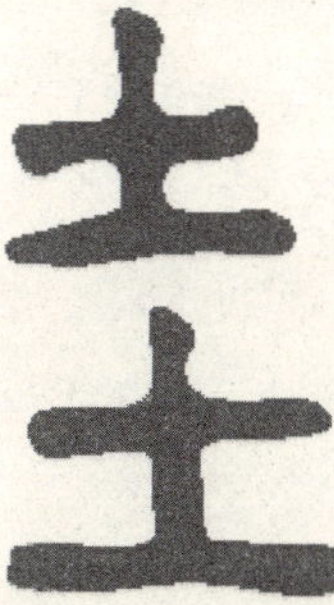

翻开《说文解字》，许慎关于"圭"字的说解是这样的："圭，瑞玉也，上圆下方。公执桓圭，九寸；侯执信圭，伯执躬圭，皆七寸；子执谷璧，男执蒲璧，皆五寸。以封诸侯。从重土。楚爵有执圭。珪，古文圭从玉。"《汉语大词典》"圭"字下所列的第一个义项是："古代帝王诸侯朝聘、祭祀、丧葬等举行隆重仪式时所用的玉制礼器。长条形，上尖下方。其名称、大小因爵位及用途不同而异。"《汉语大字典》的训释也基本相同。看到这些似是矛盾的说解，一头雾水的读者也许会问："圭"字构形既然是"从重土"，怎么又解释为"瑞玉"、"玉制礼器"呢？如果"圭"字本义是"瑞玉"、"玉制礼器"，字就应当写作"珪"而不该写作"圭"呀？

要弄清"圭"字的本形、本义，还得先从古人的"立竿测影"说起。

生活的常识告诉中国古人，日影的长度与寒暑变化的关系非常密切。《吕氏春秋·察今》就说："审堂下之阴，而知日月之行，阴阳之变。"然而，要准确地测量寒来暑往的季节变化，仅仅依靠早先的“野人无历日，鸟啼知四时”(汉枚乘诗)、“见鸟兽孳乳，以别四节”(《后汉书·乌桓鲜卑传》)、“俗无文字，但候草木荣枯以记岁时”(《魏书》卷一百)等所谓的物象观察是远远不够的，就得人为地在平地上立起一根规定长度的竿子，把它的影子在地面上刻上刻度以标示出来。这就是“立竿测影”。在竿子的位置不变动、长度也不变、又经常在中午去察看竿影的条件下，就会发现：竿影的长度一年四季在变化，夏季竿影短，冬季竿影长。而且夏季里有一天的竿影是最短的；冬季里总是有一天竿影是最长的。这两天古代将它们都称为“日至”。古人根据这种测量中午日影的方法，知道了“年”的时间长度，即连续两次测得表影的最长值(或最短值)，其相隔的天数，就是一年的时间长度。

土圭

引自《中国古代天文历法》 第41页 李东生 编著 北京科学技术出版社 2009年4月

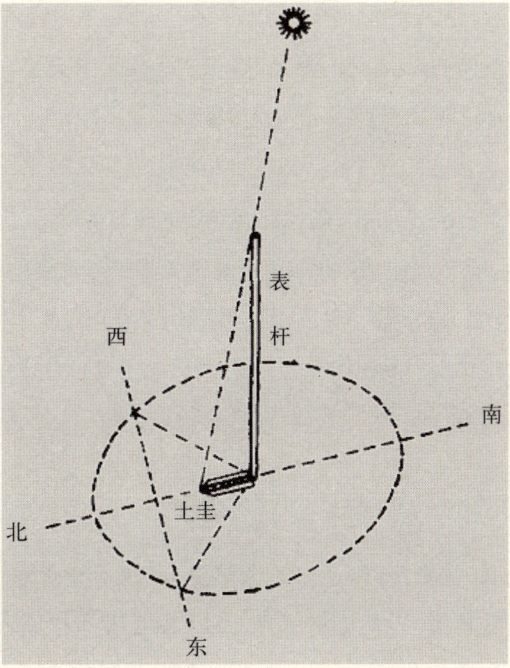

土圭测影示意图
引自《观象授时：楚国的天文历法》第27页 武家璧 著 湖北教育出版社 2001年3月第1版

立竿测影也叫“土圭测影”、“圭表测影”。

“土圭”之“土”即度，是测量的意思。《周礼·地官·大司徒》“凡建邦国，以土圭土其地，而制其域”郑玄注云：“土其地，犹言度其地。”《周礼·春官·典瑞》“封国则以土地”郑玄注：“土地犹度地也。”《周礼·夏官·土方氏》“以土地相宅”郑玄注：“土地，犹度地，知东西南北之深而相其可居者。”而“圭”就是人为地在地面上垒起的土堆。“土圭”就是度圭，测量圭上日影的长短以定时令。“表”就是直立于圭上的竿子。《六书故·工事七》：“立木以示谓之表。”《管子·君臣上》“犹揭表而令之止也”尹知章注：“表谓以木为标，有所告示也。”《汉书·淮南王长传》“又阳聚土，树表其上”颜师古注：“表者，竖木为之，若柱形也。”到了周代，使用圭表就有了规范，竿子（表）规定为八尺长。《周礼·考工记》云：“土圭尺有五寸，以致日，以土地。”这里的“致”是推算的意思，“土”是度量的意思。《周礼·夏官·司马》云：“土方氏，掌土圭之法以致日景。以土地相宅而建邦国都鄙。”郑玄注：“土方氏，主四方邦国之土地。”可见，周代已有专职人员来掌管土圭测影了。

说到土圭测影，就不能不提到一个重要的历史人物——周公。《周礼·地官·大司徒》“以土圭之法，测土深，正日景，以求地中”贾公彦疏：“周公摄政四年，欲求土中而营王城，故以土圭度日景之法测度也。度土之深，深谓日景长短之深也。”“周公度日景之时，置五表。五表者：于颍川阳城置一表为中表，中表南千里又置一表，中表北千里又一表，中表东千里又置一表，中表西千里又置一表。”这是说，周公辅助周武王灭商以后，为了开拓东方辽阔的疆域，决定迁都，由之前的镐京（今陕西省西安的西南）迁往洛阳，让统治重心向东移，以便控制东方。为了给迁都寻找理论依据，周公组织人员进行了大规模的测量活动，以证明他们所选择的洛阳地处“天下之中”，最适合建都，他们在全国设立五个测影台，根据每天日中日影的长短，找出季节的变化规律，寻找“天下之中”。据《重修汝南县志》所记，西周初年，周公为观测天文地理，又派人到各地用土圭测影，测定“豫州为九州之中，汝南尤在豫州之中。故聚土垒石，以标天中”。今河南省驻马店市汝南县城城北1.5公里处有一山，名“天中山”。此山不大，方圆30余米；不高，10余米。“天中山”即因“聚土垒石，以标天中”而得名。《读史方舆纪要》也说：“土圭测影惟此地为天中。”“自古考日景，测分数，以此为正云。”“天中山”即周公当年测影所用土圭之遗留，虽名之为山，其实就是稍大点的一土堆。

圭，甲骨文中未见，金文写作、，构形即作土上加土之形。段玉裁《说文解字注》“圭”字下就说：“重土者，土其土也。”“土其土”即“土上加土”之意。徐灏《说文解字注笺》也说:“窃谓圭之初制,盖以测景度地,故字从重土。”而这些均可与“天中山”这一实物相印证。

最简易、古朴的“立竿测影”,到了周代,就演变成了有规范的“圭表测影”或“土圭测影”:表(竿子)规定为长八尺,而圭也由土堆发展成为标有刻度的制式尺子。《周礼·地官·大司徒》:“至日之景,尺有五寸。”意思就是夏至之时,圭上影子有一尺五寸长。

“圭”字的这一意义,依然保留于汉语中的许多词语之中。如,“土圭”是古代用以测日影、正四时和测度土地的器具;“圭表”是古代用以测量日影的仪器,圭是平卧的尺,表是直立的标竿,表放在圭的南、北端,与圭垂直。“圭影”亦写作“圭景”,意思是土圭与日影,或指圭表上的日影。“圭尺”即测日影长短的尺;“圭律”为圭表上的律度;“圭臬”即土圭和水臬,古代测日影、正四时和测度土地的仪器,后引申比喻典范、准则。

“圭”是通过刻度来度量、测定日影以确定时令,这一过程与《周易》八卦之“卦”的演算完全一致。《说文解字·卜部》说:“卦,筮也。从卜,圭声。”因此,就语源来说,“圭”、“卦”二字同源;就字形论,“圭”、“卦”乃一组古今字。所以,俞樾在《儿笘录》卷四就说:“圭者,卦之古文也。圭之为卦,犹兆之为𠦪也。《卜部》𠦪灼龟坼也,古文作兆。盖卦、𠦪字古止作圭、兆,其从卜者,后人所加耳。兆乃象形字,则圭亦象形字,古人之筮必画地以识爻。”鲍鼎先生《释圭》一文也说:“余谓土圭之朔,盖以土为之,即测日之表所自昉。手创之人,乃为伏羲。当是时,人民睢睢盱盱,不知东西南北,伏羲盖其中之优秀者,乃抟土以成土圭。以其絫土为之,故从重土。……然则圭本土制,而卦即圭上之错画,圭卦元为一事,亦为一字,此应劭所以解为‘自然之形,阴阳之始’也。迨八卦专为演筮之用,于是增卜而为卦,遂成右形左声之字,致与圭判然为二耳。”俞、鲍二位先生的分析是有道理的。

至于“圭”字用作礼器之“圭”则应当是词义之引申发展的结果，而这一词义的引申恐怕还与早期人类的太阳崇拜有关。

早在19世纪，西方宗教研究领域自然神话学派的代表人物麦克斯·缪勒(Max Muller)就提出，人类所塑造出的最早的神是太阳神，最早的崇拜形式是太阳崇拜。根据人类文化学者的研究，中国是世界上太阳崇拜五大发源地之一。而太阳神话又是一切神话的核心，一切神话都是由太阳神话派生出来的。在太阳神话中，太阳从仅仅是个发光的天体变成了世界的创造者、保护者、统治者和奖赏者——实际上就变成一个神，一个至高无上的神。

或许是受太阳崇拜之影响，本来是古人用来观测日影的（或者说“记日”）仪器的“圭”，因观测的对象“太阳”而具有了神圣之意味。这恐怕就是古人将天子、诸侯及贵族们在各种典礼仪式上手中所执的一种象征身份的玉制礼器也叫做“圭”的原因之所在。

根据古籍记载，“圭”作为古代诸侯及其他朝臣在朝聘及各种礼仪上手中所持的一种礼器，其作用在于表示各级官吏的等级及身份。《说文》“圭”字下就有“公执桓圭，九寸；侯执信圭，伯执躬圭，皆七寸；子执谷璧，男执蒲璧，皆五寸。以封诸侯”之记载。

“圭”作为一种观念形态的特种工艺美术品，自然是一定的社会生活在人们头脑中反映的产物。根据许慎的解释，“圭”就是玉圭无疑，也是一种吉祥之物。

作为礼器的“圭”，各个时期的制作与使用有所不同。据《周礼》等古籍载，圭在夏商周三代是作为天子、诸侯及其他朝廷高级官员们使用的信物。其后，天子不用圭，只有朝廷大臣们才使用圭。圭很像一块玉制的长条形的板，大小均有所不同，有的中间有孔，有的则没有；有的圭上刻有图案，有的则没有。圭的上部在夏商周三代有平头、尖头或圆头三种，天子插于腰间的大圭是尖头形。其后，因为崇拜山川的思想逐步盛行，于是圭制又取形于山形，其上为尖头形状。

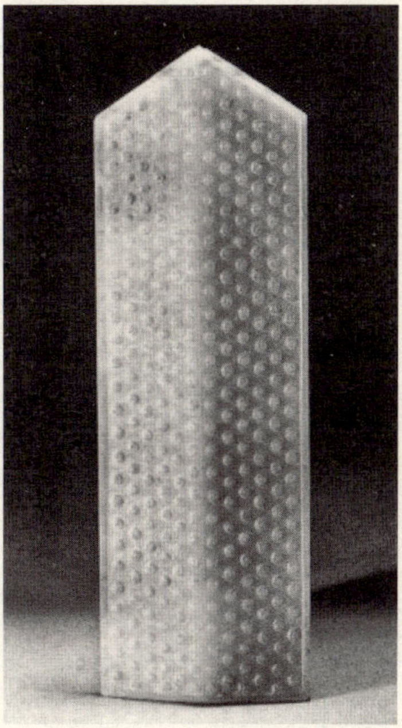

玉谷纹圭（战国）
引自《玉器鉴定收藏入门》第 35 页 付慧娟 编著
安徽科学技术出版社 2012 年 1 月第 1 版

《周礼·冬官·考官记》："玉人之事，镇圭尺有二寸，天子守之。命圭九寸，谓之桓圭，公守之。命圭七寸，谓之信圭，侯守之。命圭五寸，谓躬圭，伯守之。" 这是说玉人制圭的规格。天子用的镇圭长一尺二寸，是最大者，喻其至尊之意，而其他万物皆俯身其下。所谓命圭，即为任命之圭，是天子封爵时所持之圭，公侯朝觐时必执此圭。桓圭有四陵，上尖下平直，像宫室的结构，寓意执圭者一定要为公。此形喻指执圭者的爵位为天子之下，万民之上，并表示他为天子的栋梁之材，可匡辅王室，辅佐天子治理国家。这些人死后，其墓碑和亡灵的牌位也要模仿圭形。至于信圭，寓意为执圭者为人正直忠诚，躬圭寓意为人如躬曲。他们身为人臣，在天子面前，无疑要忠诚、谦卑。至于其他各个不同历史时期，对“圭”的制作和使用均有不同。

既然“圭”已成为身份象征之礼器，其质地也就由原来的“土制”而摇身一变为“玉制”，只是在字形上未能做出及时的调整，依然写作“圭”(从重土)，许多词语中的字依然写作“圭”即可说明。如“圭玷”是说白玉上的斑点，后亦比喻人的缺陷、过失；“圭衮”指圭玉与衮衣，比喻朝廷的高位；“圭组”即印绶，借指官爵；“圭瑞”为玉制之符信；“圭裳”指官员，借指官爵；“圭币”指古代祭祀时用的圭玉和束帛；“圭璋”指两种贵重的玉制礼器，比喻高尚的品德、朝廷有用的人才；“圭璧”古代帝王、诸侯祭祀或朝聘时所用的一种玉器，泛指贵重的玉器；“圭瓒”是指古代的一种玉制酒器，形状如勺，以圭为柄，用于祭祀。

“圭”既为玉制，古代又在“圭”字的基础上增一形符“玉”写作“珪”。然而，“珪”字的出现是较晚的事，字未见于金文，亦未见于战国文字，大约在两汉时期。“珪”字出现以后，原本写作“圭”的，或改写作“珪”。“圭组”或写作“珪组”；“圭币”或写作“珪币”；“圭璋”或写作“珪璋”；“圭璧”或写作“珪璧”；“圭瓒”或写作“珪瓒”，等等。

在玉制礼器这一意义上，“圭”与“珪”是一组古今字。或许是趋简之心理，今天的规范用字依然写作“圭”。

“刻”不容缓

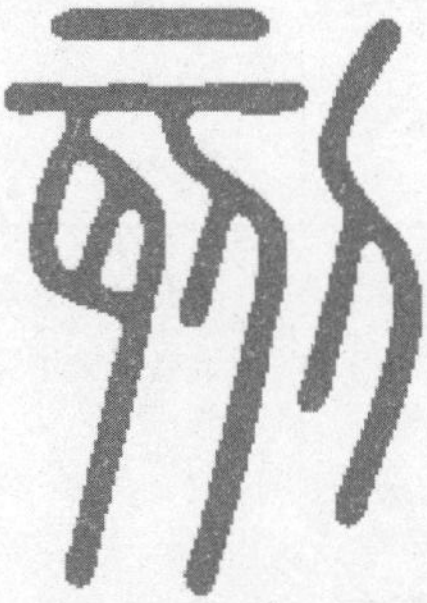

一天就是一“日”。

古人以“日”来称呼太阳，而且以太阳昼夜交替的周期为一“日”，这是时间认识过程当中最重要、也是最原始的概念，其他的一切时间概念均以此为基础。

古人最初大概就是根据太阳的出没而把一昼夜分成若干个时段的，比如日出的时候叫做“旦”、“早”、“朝”、“晨”，日入的时候叫做“暮”、“昏”、“晚”，这些字都是从日构形足可以说明。而古人将一昼夜均分为十二个时辰则应当是从汉代开始的，因为在此之前并无十二时之说。顾炎武《日知录》卷二十就说：“古无以一日分为十二时之说。……自汉以下，历法渐密，于是以一日分为十二时，盖不知始于何人，而至今遵用不废。”赵翼《陔余丛考》卷三十四也说：“古时本无一日十二时之分。……其以一日分十二时，而以干支为纪，盖自太初改正朔之后。历家之术益精，故定此法。”依照顾炎武、赵翼的考证，一天分为十二时是从汉代开始的，而用干支纪时则始于汉武帝太初改历之后。

古时辰	子时	丑时	寅时	卯时	辰时	巳时
今时间	23–1时	1–3时	3–5时	5–7时	7–9时	9–11时
古时辰	午时	未时	申时	酉时	戌时	亥时
今时间	11–13时	13–15时	15–17时	17–19时	19–21时	21–23时

古今时辰时间对照表

引自《日历对照表》第 259 页　中国科学院北京天文台　林亨国　汪克敏　朱永和　编 中国林业出版社 1989 年 5 月第 1 版

古时候的“时”，也叫“时辰”，是今天的两个小时。而所谓的“小时”，是指时辰之半的意思。与十二时辰同时并行的是昼夜均衡的百刻制度。这是一种更为细致的纪时法。古时候的“刻”与今天的“刻”也不同，古时候的一昼夜共分一百刻，而今天是一小时分四刻，一昼夜就是24×4=96刻。《汉书·哀帝纪》说：“漏刻以百二十为度。”颜师古注：“旧漏昼夜共百刻，今增其二十。”

“刻”字的本义为雕刻，这是没有争议的。刻字未见于甲骨文、金文，始见于小篆，写作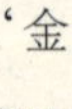。《说文解字·刀部》说：“刻，镂也。从刀，亥声。”段玉裁注：“《释器》曰：‘金谓之镂，木谓之刻。’此析言之；统言则刻亦镂也。”这是说，镂与刻二字都是雕刻之义，“镂”用于金属而“刻”则用于木材，所以《说文》以“镂”训“刻”。《春秋·庄公二十四年》：“刻桓宫桷。”杜预注：“刻，镂也。”引申为铭记，铭刻。《后汉书·第五伦传》：“臣常刻著五脏，书诸绅带。”李贤注：“刻著五脏，谓铭之于心也。”又引申为雕刻的物品。如《汉书·郊祀志》：

"已而按其刻，果齐桓公器。"颜师古注："刻，谓器上所铭记。"

明·黄花梨双凤朝阳纹浮雕

引自《明式家具雕刻艺术》第 31 页 王念祥 编著 北京工艺美术出版社 2003 年 1 月第 2 版

随着词义的发展，"刻"又引申有刻薄、苛刻之义。如，《吕氏春秋·处方》："齐令周最趣章子急战，其辞甚刻。"陈奇猷《吕氏春秋校释》说："今语谓'言语刻薄'，即此谓辞刻也。"《史记·酷吏列传》："用法益刻，盖自此始。"元无名氏《陈州粜米》第四折："你只要钱财，全不顾百姓每穷，一味的刻。"李劼人《死水微澜》第三部分八："但她想来，顾三娘子平日多刻，一点不为人，在她林盘里捞点落叶，也要遭她咒骂半天。"诸文献中的"刻"即刻薄、苛刻之义。

继而引申又有严格要求之义。如，《韩非子·安危》："人主不自刻以尧，而责人臣以子胥，是幸殷人之尽如比干。"唐韩愈《答元侍御书》："刻身立行，勤己足取。""刻"即严格要求之义。

又引申而有伤害、减损之义。如，《书·微子》："我旧云刻子。"孔传："刻，病也。"孔颖达疏："刻者，伤害之义，故为病也。"又，《荀子·礼论》："刻死而附生谓之墨，刻生而附死谓之惑。"杨倞注："刻，损减。"

“刻”用作量词，作为计时单位，是其引申之义。“刻”之所以引申有计时单位之义，与古代的计时器“漏壶”密切相关。漏壶是古人利用滴水的多少来计量时间的一种仪器，也称“漏刻”。漏壶中插入一根标竿，称为箭。箭上刻着一条条横道，这就是“刻”。箭下用一支箭舟托着，浮在水面上。水流出或流入壶中时，箭下沉或上升，借以指示时刻。前者叫沉箭漏，后者叫浮箭漏，统称箭漏。此外还有一种以沙代水的沙漏。

中国早在周朝就已经有了漏壶。《周礼》一书就有关于漏壶及昼夜时刻划分的记载，那时已经有了报时的制度和专职人员。如，《周礼·春官·鸡人》载：“夜呼旦，以叫百官。”《周礼·秋官·司寤氏》载：“掌夜时，以星分夜，以诏夜士夜禁。御晨行者，禁宵行者、夜游者。”这里的“鸡人”“司寤氏”，应当就是值夜班的专职人员，职责明确。

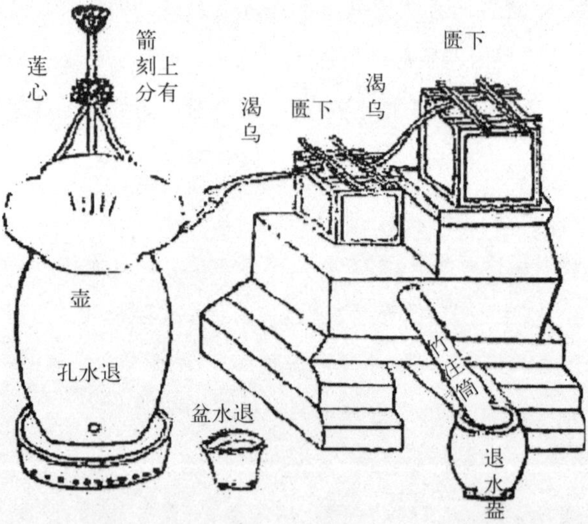

北宋燕肃莲花漏

引自《中国古代天文历法》第50页 李东生编著 北京科学技术出版社 2009年4月

又如,《周礼·夏官·挈壶氏》:“掌挈壶以令军井。……凡军事悬壶以序聚欜……以水火守之,分以日夜。”郑玄注:“悬壶以为漏,以序聚欜,以次更聚击欜备守也。以水守壶者为沃漏也,以火守壶者夜则观刻数也。分以日夜者,异昼夜漏也。漏之箭昼夜共百刻,冬夏之间有长短焉。”

《诗·东方未明》有:“狂夫瞿瞿,不能辰夜,不夙则莫。”毛诗序:“刺无节也。朝廷兴居无节,号令不明,絜壶不能掌其职焉。”学者以为此诗主刺哀公,兴居无节,故归咎于司漏者以讽之。

这些文献记载都说明,漏刻制度的使用是很早的。

在钟表传入之前,漏壶一直是中国传统的纪时工具。如,唐人慧苑《华严经音义下》引《文字集略》:“漏刻,谓以简受水,刻节,尽夜百刻也。”《汉书·宣帝纪》:“朕饬躬齐戒……烛燿齐宫,十有余刻。”颜师古注:“刻者,以漏言时也。”《文选·谢灵运〈拟邺中集·陈琳〉》:“爰客不告疲饮宴遗景刻。”李善注:“刻,漏刻也。”

“刻”由计时单位又引申为时候,也指短暂的时间。如《南史·虞寄传》:“愿将军少戢雷霆,赊其晷刻,使得尽狂瞽之说,披肝胆之诚。”唐白居易《早夏游宴》:“荣落逐瞬迁,炎凉山刻变。”《西游记》第九十二回:“这家酬,那家请,略无虚刻。”今汉语中仍有“刻不容缓”之语。

又引申而有目前、眼下之义。如,清人张荫桓《三洲日记》说:“金巡随抚近释凶犯四人,皆五年前虐华人者,原判以监禁终身,刻竟保释,殊不公允。”今语“刻下”即其意。

说到“刻”字,自然就还得说说“刻”与“克”字的关系。对此,读者朋友也许会纳闷:“刻”与“克”字又有什么关系呢?是的,“刻”、“克”二字除了读音相同——古音均属溪母职部、今皆音kè外,本来是没有任何关系的,即便是今天同为量词,但也只是一个为重量单位用字(克),一个是时间单位用字（刻）。然而，就是这本来没有任何关系的两个字，在后世文字使用的过程中，由于词义的引申发展而有了交集，以致常常混用乃至误用。相信不少的读者朋友都曾有过误用“刻”或“克”字的经历。

“克”字，甲骨文作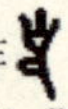，金文作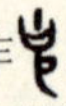，小篆作，《说文解字·克部》说：“克，肩也。象屋下刻木之形。”罗振玉《增订殷虚书契考释》认为古文字“象人戴胄形”，与《说文》“肩也”之训相通。“克”字有“胜任”之义，南唐徐锴《说文解字系传》就说：“肩者，任也……能胜此物谓之克。”如，《周易·蒙卦》“（九二）子克家”孔颖达疏：“即是子孙能克荷家事，故云‘子克家’也。”引申而有制胜、攻下（城池）之义，如“克敌制胜”、“攻无不克”。又引申而有“约束”、“制服”之义，如“克服困难”、“柔以克刚”。又引申而有“能”之义，如“克勤克俭”。又引申而有“克扣”、“侵削”之义，《水浒全传》第八十三回：“贪滥无厌，徇私作弊，克减酒肉。”又引申而有“约定”之义，如《潜夫论·交际》：“怀不来而外克期。”又引申而有“苛刻”、“刻薄”之义，如《红楼梦》第五十五回：“都是你们尖酸克薄，可惜太太有恩无处使。”

字或写作“勊”、“尅”，应当是“克”的后起分化字，古文字构形从力、从寸可通。又或写作“剋”，应当是“勊”字的讹误，形近而讹。段玉裁《说文解字注》“勊”字下就说：“勊之字讹而从刀作剋，经典有克无剋，百家之书克、剋不分，而勊乃废矣。”

由上文分别对“刻”、“克”二字引申义的简略梳理可以看出，本无关系的二字在词义的多次引申之后就开始发生了重叠、交集。事实上也是如此，许多古文献用例即能说明。“刻”、“克”二字的混用乃至误用主要在以下几个词义方面：

一是在“苛急”、“苛严”、“刻薄”意义上相通，所以“刻苦”，古文献中或写作“克苦”，如宋人曾巩《司徒员外郎蔡公墓志铭》：“初公年十三，丧父，家贫，尤自克苦。”又或写作“剋苦”，如《旧唐书·儒学传下·韦表微》：“表微少时，剋苦自立。”其他如：“刻毒”，意为刻薄狠毒，字或写作“克毒”、“剋毒”、“尅毒”；“刻剥”，意为侵夺剥削或克扣剥削，字或写作“克剥”、“剋剥”、“尅剥”；“刻责”，意为严加责备或严格要求，字或写作“克责”、“剋责”；“刻暴”，意为刻毒暴戾，字或写作“克暴”；“刻薄”，意为苛刻无情或挖苦、讽刺，字或写作“克薄”、“剋薄”；“刻励”，亦作“刻厉”，意为刻苦勤勉、刻苦自励，字或写作“克励”、“克厉”。

二是在“约定”、“限定”(勒定)、“必”意义上相通，如“刻日”，意为约定或限定日期，字或写作“克日”、“剋日”；“刻期”，意为限期、定期、如期，字或写作“克期”、“剋期”。

三是在“侵削”、“伤害”、“减损”意义上相通，如“克扣”、“剋扣”，意为扣减应该发给别人的财物而据为己有，字或写作“刻扣”，如《红楼梦》第九十三回：“大约刻扣了月钱。”“刻贼”，意为伤害、残害、损伤，字或写作“克贼”、“剋贼”。

四是在“克制”、“约束”意义上相通，如“克己”，字或写作“刻己”，《汉书·杜钦传》云：“归咎于身，刻己自责。”但“克己奉公”、“克己复礼”中的“克己”不作“刻己”。

五是在“能“意义上的相通，如“克俭”，谓能节俭。《书·大禹谟》：“克俭于家。”字或写作“刻俭”，如碧野《没有花的春天》第八章：“他的女人象她母亲一样的刻俭。”但“克勤克俭”之“克俭”不写“刻俭”。

由此看来，“刻”、“克”二字的混用乃至误用是古已有之，而“刻苦”努力地“克服”刻、克二字规范使用上的困难已经是“刻”不容缓了。

【连“更”晓夜】

山一程，水一程，身向榆关那畔行。夜深千帐灯。
风一更，雪一更，聒碎乡心梦不成。故园无此声。

清·纳兰性德《长相思》

这是一首描写边塞军旅途中思乡寄情的诗。诗中，作者以“一程”又“一程”的重复，展示的是与家园的空间阻隔随“山”“水”的跨越而增大；又以“一更”又“一更”的重叠，表现了“风”“雪”声中的长夜漫漫而难入梦乡。这里的“更”是古代的夜间计时单位。

用于夜间报时的更点制度，在中国古代是十分流行的。在中国古代，几乎每个县城都会建造鼓楼，用以击鼓报时，或击鼓报警。如，宋人孔平仲《孔氏谈苑·封置鼓楼》有记载："齐李崇为兖州刺史，州劫盗，崇乃村置一楼，楼悬一鼓，盗发之处，搥鼓乱击，诸村如闻者，槌鼓一通，次闻者，复挝以为节，俄顷之间，声布百里，伏其险要，无不擒获。诸村置鼓楼，自此始也。"这是击鼓报警。刘心武《钟鼓楼·并非开头》："鼓楼——又称谯楼——上，传来交更的阵阵鼓声，打破了这夜空的寂寥。"这是击鼓报时。

鼓楼（北京八大处）
作者摄于2010年10月

依据更点制度，中国古代将一夜分为五更。五更记时法的使用应该很早就开始了，汉代的《汉旧仪》就有甲夜、乙夜、丙夜、丁夜、戊夜的记载。《隋书·天文志》在追述先秦漏刻时说："昼有朝、有禺、有中、有晡、有夕，夜有甲、乙、丙、丁、戊。"由此看来，先秦时期存在过将一昼夜分为10个时段的制度，白天和黑夜各占五个时段。

关于五更记时，北齐颜之推的《颜氏家训·书证》有这么一段文字记载："或问：'一夜何故五更？更何所训？'答曰：'汉、魏以来，谓为甲夜、乙夜、丙夜、丁夜、戊夜；又云鼓，一鼓、二鼓、三鼓、四鼓、五鼓；亦云一更、二更、三更、四更、五更，皆以五为节。’《西都赋》亦云：‘德以严更之署。’所以尔者，假令正月建寅，斗柄夕则指寅，晓则指午矣；自寅至午，凡历五辰。冬夏之月，虽复长短参差，然辰间辽阔，盈不过六，缩不至四，进退常在五者之间。更，历也，经也，故曰五更尔。”“五更”，也叫“五夜”，也叫“五鼓”，意思一样。

夜间计时用“鼓”、“夜”比较好理解，而用“更”则似乎不太好解释。“更”字的本义究竟是什么？又是如何与夜间计时联系起来的呢？对此，我们还是先来说说“更”字吧。

“更”字的出现很早，甲骨文写作、，构形从攴从丙；金文写作、，构形从攴从二丙，较甲骨文多一“丙”形，又或省攴从辵写作；小篆写作，构形与甲骨文相同而与金文略异。《说文解字·攴部》说：“㪅，改也。从攴，丙声。”字隶变作“更”。

关于“更”的古文字形义，学界意见尚不一致。于省吾先生《甲骨文字释林·释㪅》认为更从丙声，即古文鞭字，其语云：“甲骨文㪅字屡见，作或形，《甲骨文编》释为更。按㪅即古文鞭字。《说文》鞭字作鞭，并谓：‘鞭，驱也，从革便声。㚎，古文鞭。’就古音言之，鞭从便声，便从㪅声，㪅从丙声，丙鞭双声。㪅字隶变作更，丙更叠韵。《周礼·考工记·轮人》的‘眡其绠’，郑司农谓‘绠读为关东言饼之饼’。按绠从更声，更本作㪅，从丙声。是丙更古通之证。西周金文驭字作駇，其从㚎，乃甲骨文㪅字的省变。《说文》谓‘驭从又马’，又乃㚎形的讹省。西周金文驭字均作駇，右从㚎，用鞭以驱马。石鼓文驭字作䮍，右从鞭作㪅，犹存初形。”于先生的考释非常精当，可从。

然而，张世超等编撰的《金文形义通解》的意见稍有不同，认为金文的“更”字构形从二丙相续，是古代一种前后相续之车制，“更”字的本义为连续、相继，其语云：“金文从二丙相续，为古代一种前后相续之车制：二马居前，二马在后。与并列之‘两’制相对。从‘攴’示其鞭扑,《盠方彝》字作‘’,省‘攴’而从‘辵’者,示车马之行也。‘更’之本义为续,金文中多用本义,典籍亦有其例。《国语·晋语》四:‘姓利相更。’韦注:‘更,续也。’《左传》文公元年:‘更伐之。’《史记·平准书》:‘悉巴蜀租赋不足以更之。’”

其实,这两种意见基本上是相一致的,无论是释为“鞭”之古文,还是释为“车制”,都与“驱马”相关,所以,不管是甲骨文、金文,还是小篆,文字构形都从攴,以示其鞭扑。或改“攴”为“辵”,亦示车马之行,依然相涉。

古文献中,“更”字亦用作“连续”、“相继”之义,与金文中的“更”字用法相同,应当承袭了金文的用法。如,《国语·晋语四》“姓利相更,成而不迁,乃能摄固,保其土房”韦昭注:“更,续也。”《史记·孝景本纪》:“孝文在代时,前后有三男,及窦太后得幸,前后死,及三子更死,故孝景得立。”“更死”即相继死去之意。

东汉许慎《说文》以“改也”释“更”,应当是“更”字的引申义。在传世文献中,“更”字的这一意义更为常见。如,《论语·子张》“过也,人皆见之;更也,人皆仰之”何晏注:“更,改也。”清人洪昇《长生殿·制谱》:“妄凭臆见,草草创成,其中错误,还望陛下更定。”又引申有“更换”、“变易”之义。如,《小尔雅·广诂》:“更,易也。”胡承珙《小尔雅义证》:“更者,《仪礼·大射仪》:‘更爵洗’注云:更,易也。《燕礼》‘易觯洗’注云:凡爵不相袭者,于尊者言更,自敌以下言易。更作新易有故之辞,是更与易,对文则别,散文则通也。”宋人王安石《送董伯懿归吉州》:“茫然冬更秋,一笑非愿始。”后来,“更”与“改”、“更”与“易”还联合构词作“更改”、“更易”,意思相同,均为改变、改换、改动。

“更”又引申有抵偿、报偿之义。《广雅·释言》说:“更,偿也。”《周礼·夏官·马质》:“马死则旬之内更。”郑玄注引郑司农云:“更,谓偿也。”

《史记 · 货殖列传》:“豫章出黄金,长沙出连锡,然堇堇物之所有,取之不足以更费。”裴骃《史记集解》引应劭曰:“堇,少也,更,偿也。”

又引申有了解、懂得之义。如,宋人王溥《唐会要》卷八十三:“皇太子生长深宫,不更外事。”宋人王安石《上杜学士言开河书》:“某愚不更事物之变。”今有词语“少不更事”,意思是说年轻、阅历世事不多。

“更”字作量词,用作夜间计时的单位,这一意义或许应当是由其本义“连续”、“相继”直接引申而来。继白日之后就是夜晚,所以有“夜以继日”之说。《三国志 · 魏志 · 钟会传》说:“(钟会)及壮,有才数技艺,而博学精练旬理,以夜续昼,由是获声誉。”“以夜续昼”意即我们今天所说“夜以继日”。

也许如颜之推所说:“更,历也,经也,故曰五更尔。”因为,“更”由连续、相继之义又引申出了经历、经过之义。如,《玉篇 · 支部》:“更,历也。”《广雅 · 释诂三》:“更,过也。”《韩非子 · 外储说左上》:“更日久则涂干而椽燥。”《史记 · 大宛列传》:“道必更匈奴中。”司马贞《史记索隐》:“更,经也。”《辽史 · 耶律休哥传》:“身更百战,未尝杀一无辜。”“更”字的经历、经过之义,由动词到名词再虚化到量词,就成夜间计时的单位。《正字通 · 支部》就说:“又因时变易,漏刻曰更。”

说到“更”字,自然还得说说与之有着音义联系的“庚”及“赓”字。

“更”、“庚”二字古音均为见母阳部,古音相同。“赓”字构形从贝、庚声,本当是“庚”字的后起分化字,《说文解字》误将其归为“续”字古文。根据郭沫若先生的考释,“庚”本为乐器“钲”字的古文,其在《甲骨文字研究》中说:“庚字小篆作两手奉干之形,然于甲文金文均不相类。”“观其形制,当是有耳可摇之乐器;以声类求之,当即是钲。”“钲从正声在耕部,与阳部之庚声极相近。”“庚之本义其失甚古,后行之义……盖出假借。”“庚”今为天干的第七位,与地支相配,用以纪年、月、日。

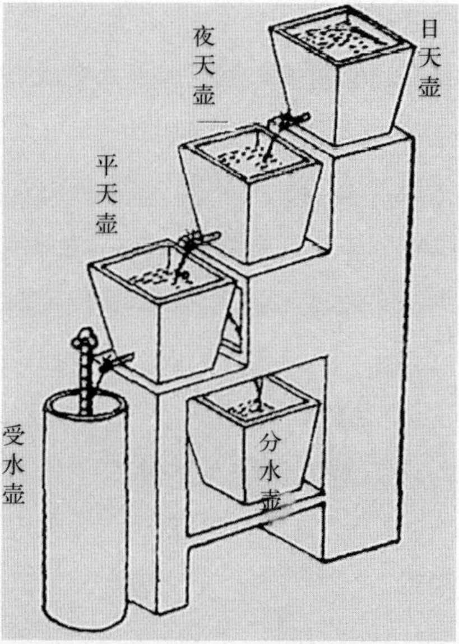

故宫博物院交泰殿内的清代漏壶示意图

引自《中国古代天文历法》 第51页 李东生 编著 北京科学技术出版社 2009年4月

古文献中，由于“更”、“庚”、“赓”三字音相同，所以古人常常借“庚”或“赓”为“更”。主要在“更”字的以下几个义项上常常借“庚”或“赓”为之。

一是“更”字的连续、相继的意义上又写作“庚”或“赓”。如，《诗·小雅·大东》：“东有启明，西有长庚。”“长庚”，古代指傍晚出现在西方天空的金星，字亦写作“长赓”、“长更”。毛传：“庚，续也。日旦出谓明星为启明，日既入谓明星为长庚。”《尚书·益稷》“乃赓载歌”唐孔颖达疏引作“西有长赓”。《汉书·礼乐志》“寒星不忒况皇章”颜师古注引晋灼曰：“言长更星终始不改其光，神永以此明赐君也。”黄侃《春秋名字解诂补谊》说：“古文赓从庚。庚亦续也。”后世有“赓续”一词，意思是继续。如，《敦煌曲校录·皇帝感·新集〈孝经〉》：“始皇无道焚书尽，赖得仙人壁里藏。拾得故文多损坏，孔生赓续巧相当。”宋人王安石《〈周礼义〉序》：“其法可施于后世，其文有见于载籍，莫具乎《周官》之书。盖其因习以崇之，赓续以终之，至于后世，无以复加。”靳以《生存》：“他一点味道也觉不出来，他只知道为了让生命赓续下去，必须把这些东西送到肚子里去。”

二是“更”字的更替、改变之义又写作“庚”。如，《释名·释天》就说：“庚，犹更也。”《素问·六元正纪大论》：“阳明所至为司杀府，为庚苍。”高保衡注：“庚，更也。更，代也，易也。”《史记·律书》：“庚者，言阴气庚万物，故曰庚。”明袁宏道《募修文村真武庙引》：“霜摧雨折岁屡庚，榱梁额上菌芝生。”

三是“更”字的补偿、偿还之义又写作“庚”或“赓”。如，《广韵·庚韵》说：“庚，偿也。”《礼记·檀弓下》：“季子皋葬其妻，犯人之禾。申祥以告曰：‘请庚之。’”郑玄注：“庚，偿也。”宋人王安石《上执政书》：“以庚禄赐之入。”章炳麟《定版籍》：“庚偿其劳力而已。”又如，《广韵·庚韵》：“赓，偿也。”《管子·国蓄》：“智者有什倍人之功，愚者有不赓本之事。”尹知章注：“赓，犹偿也。”

四是用作量词，计算航程单位的“更”字，亦写作“庚”。如，《明史·外国传四·鸡笼》：“水道，顺风，自鸡笼淡水至福州港口，五更可达。自台湾港至澎湖屿，四更可达……盖海道不可以里计，舟人分一昼夜为十更，故以更计道里云。”清人陈伦炯《海国闻见录·南洋记》说：“每更约水程六十里。”然而，章炳麟《新方言·释地》则说：“行海者以更计程，此即庚字，在水计庚，犹在陆计传矣。”

非常有意思的是，尽管在“更”字的诸多义项上，古人常借“庚”或“赓”为之，但夜间计时单位的用字则只写作“更”而不写作“庚”或“赓”。这是否说明古人夜间计时单位用字的严肃性或唯一性呢？恐怕不无关系。

说到“更”字，还有必要说说它的读音问题。

“更”字是一个多音字。查今天的《汉语大字典》或《汉语大词典》，我们会发现，“更”字下均只标注两个读音，即“gēng”与“gèng”。“更”字读

gèng 音时，即用作副词或连词。如，唐人王之涣《登鹳雀楼》诗句“欲穷千里目，更上一层楼”中的“更”即为副词。副词、连词之外，“更”字的其他义项则均读“gēng”音。对此，细心的读者朋友也许会有疑问：“三更半夜”、“起五更”中的“更”字不是习惯读“jīng”音吗，怎么不标注呢？

是的，我们在一些方言、老电影甚至是京剧唱腔中的确会发现：夜间计时单位用字“更”，如“三更半夜”中的“更”依然读jīng不读gēng（其实，京剧唱腔中上口字的“更”读jīn不读jīng，还是稍有区别的）。汉语中的词语“少不更事”，意思是说年轻、阅历世事不多，也可以写作“少不经事”，这就说明“更”、“经”音同。如，刘丰《后生可爱》：“所以在实际中，毛头小伙子干出一番大事业出来的也毕竟不少，‘少不经事’的话不尽全对。”

如果查更早的工具书也会发现，“更”字的“jīng”音其实是“古已有之”。如，平声的“更”字，《广韵》音古行切，《集韵》则音居行切，“翻译”成现代汉语拼音就是“gēng”与“jīng”。如果查港台地区出版的工具书，如台湾出版的《中文大辞典》“更”字下就标注有“jīng”音。即便是查中国大陆1965年版的《新华字典》，“更”字的这一读音依然还是保留的。统一使用规范汉字之后，中国大陆出版的工具书就不再标注“更”字的“jīng”音，“更”字的这一读音也就因此而退出了历史舞台，只是保存于一些方言或以往的工具书之中。作为规范汉字的读音，“更”字就只读“gēng”或“gèng”而不再读“jīng”了。

〖“暮”色苍茫〗

宋代欧阳修的《醉翁亭记》是大家耳熟能详的名篇佳作。其中，“朝而往，暮而归”这一句，在位于琅玡山麓的安徽省著名古迹之一——“欧文苏字”醉翁亭碑刻上却写作“朝而往，莫而归”。细心的读者可能要问：表示日落之时或傍晚之意的“暮”字怎么会写作“莫”呢？是当年的苏东坡写错了还是刻碑的人刻错了呢？又或许有人会说，这是假借“莫”为“暮”。那么，假借之说又对了吗？

要回答这些问题，或者说要弄清“暮”、“莫”二字的关系，就还得先从“莫”字的古文字构形说起。

“莫”是一个非常古老的字，早在甲骨文中就出现了。根据徐中舒先生主编的《甲骨文字典》，甲骨文中的“莫”字大致有以下几种不同的写法：，文字构形从林又或从，代表的是树林；从艸又或从茻，

代表的是草丛；字中间的或象征的是太阳；文字构形又或增加的，即“隹”，也就是“鸟”。古人是以太阳、草莽、树林、飞鸟为象，会“落日”之意。这些“莫”字都是会意字，其含义就是：太阳落到草莽里去了，或隐没在树林中了，鸟儿也纷纷飞回林中的巢里了。这就是傍晚。“莫”字的构形非常形象而又准确地描绘出了傍晚时分大地的景象。对此，徐中舒先生的《甲骨文字典》也说：“甲骨文从(茻)从无别，字形多有繁简增省。或从隹，象鸟归林以会日暮之意。”

醉翁亭
引自《中国之旅黄金版·安徽之旅》第 53 页　朱志刚 编著　广东旅游出版社 2007 年 3 月第 1 版

文字的创制受环境的影响是很大的。“莫”字的构形，可以说，是古代中原地区日出而作、日入而息的劳动人民对落日这一自然现象长期观察、仔细体会的结果。这是因为，生活在黄河流域大平原上的先民们更多时候看见的，是太阳从东方草丛或树林中升起，又隐没、降落于西方草丛或树林之中。这就像南唐徐锴在其《说文解字系传》中所说：“平野中，望日且莫将落，如在莽中也。”如果造字是在多山地区如中国的云贵等省，那么，造出来的“莫”字就一定是从山之“莫”：从东山升起、没入西山之中。

在甲骨文中，“莫”字的字用除了表示方国名之外，就是表示日将落之时，即傍晚的意思。这与许慎《说文解字》的训释是一致的。《说文解字·日部》:“莫，日且冥也。从日在茻中。”“日且冥”的意思就是“太阳将要昏暗下来”，也就是俗话说的“太阳要落山”了。“茻”就是后来的“莽”字。《说文解字·茻部》:“茻，众艸（草）也。”朱骏声《说文通训定声》:“经传草茻字皆以莽为之。”

“莫”字在金文里也有，文字结构与甲骨文中的“莫”字一致，写作、、，也都是日落草中的形象。张世超等编著的《金文形义通解》解释说:“甲骨文作若，金文从茻意同，皆象日落于草莽中之意。或省从艸作。”

金文中的“莫”字用法也与甲骨文相同，用作日落之时、傍晚。如《越王钟》:“夙莫不貣（忒）。”

“莫”字的古文字形构，犹如一幅写意诗画，蕴含着浓浓的诗情画意，如果与元人马致远《天净沙·秋思》“枯藤老树昏鸦，小桥流水人家。古道西风瘦马。夕阳西下。断肠人在天涯”的意境相配，可谓是：一为字的妙构，一是诗的绝唱，两者共同描画了暮色苍茫的自然景象，形象而又生动。

秦始皇“书同文”统一了文字之后，所颁行的规范化了的小篆“莫”写作，文字构形还保持了甲骨文、金文的基本形体，落日的意思也还明显。然而，文字发展到了隶书、楷书，上面的“艸”写作了“艹”，下面的“艸”则变成了“大”，字也就写成了今天的“莫”，落日之意就已经很难从文字的构形中看出了。相比“莫”字构形而言，在一些“莫”的异体构形之中，我们还能依稀能看出些许“落日”之意。如“茻”，《篇海类编·花木类·艸部》:“莫，莫同，本作茻。”又如“莫”，《龙龛手鉴·廾部》:“莫，俗。音莫。”

尽管我们从今天的“莫”字字形已经很难看得出它的本来含义了，看来看去总有点“莫名其妙”，然而，追溯起它的构形历史，其“庐山真面目”却正是地地道道的一幅落日之景象，古人用其记时，可谓是既形象而又别致。

在先秦的文字中，都是以“莫”字来表示太阳落山以后的傍晚时分。如《诗经·齐风·东方未明》：“不夙则莫。”《礼记·聘义》：“日莫人倦，齐庄正齐，而敢解惰。”由傍晚时分又引申表示晚、一年将尽、时间将尽之意。如《诗经·周颂·臣工》：“嗟嗟保介，维莫之春。”郑玄笺：“莫，晚也。”《诗·小雅·采薇》：“曰归曰归，岁亦莫止。”《周易·夬卦》：“莫夜有戎，勿恤。”《论语·先进》“莫春者，春服既成，冠者五六人，童子六七人，浴乎沂，风呼舞雩，咏而归”中“莫春”就是暮春、晚春之意。何晏《论语集解》引包咸曰：“莫春者，季春三月也。”

落日熔金
作者摄于 2009 年 10 月

在后来的文字使用过程中，因为借“莫”来做否定代词或否定副词用，表示“没有谁”、“没有什么（指处所或事物）”；“不”、“不能”、“不要”等意思，于是就又另造了一个“莫”下从“日”的“暮”来表示黄昏时候之意。

“暮”字的产生大约是汉代以后的事情。《说文解字》有“莫”而无“暮”，应该可以证明。“暮”字产生后就承担了“莫”字的原先“职责”来记录“落日时分”之意，而“莫”字则专心履行其新的职责作否定词用。在现代汉语里，

“莫”的意思几乎与“勿”差不多,已与落日毫不相关。

行文至此,我们或许应该可以回答前面的几个问题了:

一、“莫”、“暮”二者的关系,因其产生的时间有先后之别而构成了一组古今字。在“落日之时”的意义上,“莫”是古字,也可以说是正字,而“暮”则是在古字“莫”的基础上增加形旁“日”而产生的后起形声字,也就是今字。我们在阅读古籍时,是应该注意到“莫”、“暮”之分的。

二、苏东坡书写其老师欧阳修《醉翁亭记》时将字写作“莫”,用的是古字,没有错,这其中可能还有唐宋时期古文运动影响的原因。

三、假借“莫”为“暮”之说,显然是本末倒置。正确的说法应该是:“莫”是“暮”的爹,“暮”是“莫”的儿,只是因为后来用法有分工,各司其职,再加上读音又有了变化,后人才逐渐将二者的关系淡忘或弄错了。

在我们所使用的汉字系统中,先民借太阳造出表示时间的字,还有很多,如“旦、晨、晓、晏、昼、昏、晚、昨、昔……”等,都是以“日”作为表意(形旁)的,即便是为“莫”再造一个新字,选择的是依然在原字的基础上再加一个“日”,似乎除此之外,更无恰当之选择。先民对“日”之所以会如此情有独钟,恐怕是因为太阳与人们的生活最为密切,当它出现时,大地才有了光亮,人们可以自由活动;当它没落时,大地一片黑暗,人们只好休息。于是,太阳的一切表象最迫切地促使人们对它进行观测,而古代的观象授时,对太阳的观测又是其中最原始的方法,由此形成的“日”(一日)的时间概念,也是先民对时间认识所形成的最重要也是最原始的概念,其他的一切时间概念,则均以“日”为基础,如三十日为一月,三百六十日为一年等。

汉语中,“暮”与“朝”是一组反义词,构词时常常合作联系在一起,所构成的词语其意义也多比喻反复无常或主意不定,诸如“暮四朝三”、“暮去朝来”、“暮鼓朝钟”、“暮楚朝秦”、“暮翠朝红”、“朝令暮改”、“朝夷暮跖”等。

“暮四朝三”也写作“朝三暮四”，讲的是养猴人与一群猴子的故事。故事见《庄子·齐物论》，其语云：“狙公赋芧，曰：‘朝三而暮四。’众狙皆怒。曰：‘然则朝四而暮三。’众狙皆悦。名实未亏而喜怒为用，亦因是也。”故事是说宋国养猴人狙公养了很多猴子，猴子能够完全听懂他的话，他对猴子的生活习性与语言也完全了解，由于家境开始不济，就想限制猴子的食量，他对猴子说以后的栗子一律是“朝三暮四”，猴子不同意，就改口说“朝四暮三”，猴子满意。本来是说只变名目、不变实质以欺人，后以比喻变化多端或反复无常。

成语朝三暮四的故事
引自《中国成语故事·品德篇》 第268页 程涛 佳翰 编写 新疆人民出版社 2002年4月第1版

落日是美丽的。夕阳西下，“落霞与孤鹜齐飞”，未尝不是值得观赏的美景。唐代李商隐就有“夕阳无限好，只是近黄昏”之名句流传于世；宋代苏轼有“山僧苦留看落日”之诗句；陆游也有“回头已失庐山云，却上吴城观落日”之句，可见落日的景致对诗人具有很强的吸引力。

日月为“明”还是月照窗为“明”？

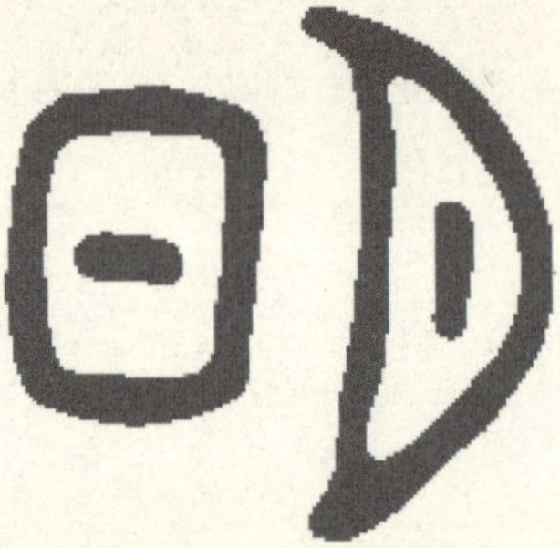

渴望光明，这是人类的本能。

汉语中，与“光明、明亮”意义相关的字有很多，但最具代表的恐怕莫过于“明”字了。《尔雅·释言》云：“明，朗也。”《广韵·庚韵》云：“明，光也。”《荀子·天论》：“在天者莫明于日月。”曹操《短歌行》：“月明星稀，乌鹊南飞。”《红楼梦》第十七回：“三间房舍，两明一暗。”文献中的这些“明”字都是光明、明亮之义。

今天，我们所写的“明”字的构形是从日从月，因此，一说到“明”字，人们自然就会联想到“日月为明”，并且还可引用文献例证来佐证，如《易·系辞下》：“日往则月来，月往则日来，日月相推而明生焉。”《周易参同契》云：“悬象著明，莫大乎日月”，《周易·离卦》彖辞云：“日月丽乎天，百谷草木丽乎土。”不仅如此，还可由天象来解释。

每逢农历十一到十五的傍晚，我们会看到一种景象：西边，一轮红日留在山尖；东边，明月已上梢头。可是，十六到二十四五的清晨，朝阳冉冉升起，皓月且挂西天。月底，又是一番情景：东方，残月有余辉，旭日已高悬。日月并悬于天，格外清新明亮，教人赏心悦目。这不禁让我们想到一个“明”字，日月相辉，十分形象。

甲骨文中的“明”字，也有从日从月构形，或左日右月，或左月右日，写作、，似乎更能印证“明”字的构形就是“日月为明”。

因此，我们似乎就可顺理成章地认为：恐怕先民们也是反复、细致地观察这一自然现象之后，才造出这个“明”字吧。白天的光明来自太阳——日，夜晚的光明来自月亮——月。日和月相辉，自然就是全部的光明了。

对此，恐怕很少有读者会提出异议：既然“在天者莫明于日月”、“悬象著明，莫大乎日月”，而日、月二者有其一即“明”，古人造字为何非要取“日月同辉”之象呢？这就得说说“明”字的异体“朙”字来进行比较。

人们已经习惯了“日月为明”，恐怕很少有读者知道，“明”字还有一个从囧、从月的异体写作“朙”。

其实，“朙”也是一个很古老的字，从甲骨文、金文起就有了，甲骨文写作、，金文写作、，文字构形均从月从囧。

与“明”为从日从月会意不同的是，“朙”则是一个会意兼形声字。朙字的左半部分“囧”，甲骨文、金文写作，是一个窗子的形象。黑夜之中唯月乃是光明的象征，所以“朙”字从囧从月，会月光照进窗内之意。《说文解字·囧部》：“囧，窗牖丽廔闿明。象形。贾侍中说读与明同。”这就说明，在“朙”字构形中，“囧”表意义也表声，所以说“朙”字又是形声字。小篆的“明”就写作。《说文解字·朙部》：“朙，照也。从月，从囧。明，古文朙，从日。”商承祚《说文中之古文考》：“朙、明皆古文也……囧象光之煽动，有明

意，故可用为明。”

“朙”字构形从囧从月会月光照窗之意，这与“閒”字构形从门从月会门有缝隙之意是一致的。閒字金文写作、(从夕，古文字夕、月一字)。《说文解字·门部》云：“閒，隙也。从门，从月。”徐锴《说文解字系传》云：“大门当夜闭，闭而见月光，是有閒隙也。”至于“閒”字后来写作“間”，那是因为“閒”字在闲暇、空闲的意义上常与“閑(闲)”字混用，所以后世表示间隙、间隔时，则另造一个从門、从日的“間”字。

关于“明”、“朙”二字关系，董作宾先生《殷历谱》上编卷一说：“明在武丁时作或，右为窗。囧即窗之象形字，左为月，取义于夜间室内黑暗惟有窗前月光射入以会明意。窗形讹为日，文武丁时已变为从日月作之矣。卜辞明多指天明之时。”

与董作宾先生持相同观点的还有马叙伦。其在《说文解字六书疏证》卷十三说：“囧即明之初文，后乃加月，以日则门启，无囧亦明，夜则门闭，藉窗而明，故初即借囧为明，后虽分别之，以夜中之明藉于日光，故增月以定其义，如今篆为从月囧声……日月为‘明’，是以日月会意，则日月之会谓之辰，不为明也。伦以为亦囧之变形，非日月之日也。”

徐中舒先生则持折中的观点，其在《甲骨文字典》“朙”字下说：“(朙)从月从囧，囧或作日、作田，同。囧为窗之象形，以夜间月光射入室内会意为明；或从日，则以月未落而日出会意；或从田，乃日之讹。”

究竟是先有“朙”还是先有“明”，或者说究竟是“明”由“朙”讹变而来还是“朙”由“明”讹变而来，今天看来，这些似乎已经不是很重要了，在没有更多的出土文献文字资料的情况下，是无法下定论的，换句话说，学者间的争“明”恐怕还会持续下去。目前，我们只能说，“朙”、“明”二字很难分出先后，是同时并存的异体字。只不过在以后长期的使用的过程中，“明”字之所以能战胜并逐渐淘汰“朙”字，成了人们普遍喜欢使用的常用字，这就只能说是因为：“明”字构形既简便又明白易记，符合汉字发展由繁趋简的客观规律。

无论是写作“朙”还是写作“明”，传递的都是明字的原始本义“光明”、“明亮”。至于许慎以“照也”训释“朙”字，这是从月亮照窗的动态角度出发，与月亮照窗的结果“光明”是一致的。至于有的学者认为许慎训“明”的本义为“照”不确切，应该说“照”是“明”的引申义，其本义仍然是明亮，就恐怕有过于拘泥之嫌了吧。

五层彩绘陶仓楼（东汉中晚期明器 通高136厘米，面阔52.5厘米，进深44.5厘米，1984年焦作市马作村出土）

引自《河南出土汉代建筑明器》第32页 河南博物院编著 大象出版社 2002年10月第1版

“明”由光明、明亮引申为明白、明确、清楚等意义。如《史记·屈原贾生列传》:“博闻强志,明于治乱,娴于辞令。”其意思是:(屈原)学识广博,记忆力强,明白治国的方法,善于外交辞令。

大概是因为人的眼睛明亮时,眼力一定很好,所以“明”又引申指人的眼睛、视力。《国语·周语下》有语云:“气在口为言,在目为明。”所以“明”又引申为眼睛、视力。《孟子·梁惠王》:“明足以察秋毫之末,而不见舆薪,则王许之乎?”孙奭疏:“目之明能观视其秋毫之末锐,而不能见一大车之薪木,则王信乎否乎?”这是说有些人的眼光能看清像秋天鸟兽的毫毛那样细小的东西,却看不见满车的木柴。《史记·太史公自序》:“左丘失明,厥有《国语》。”“明”字的异体或从目从月写作“明”,是不是与“明”引申指人的眼睛、视力有关呢?难说。《字汇·目部》:“明,俗以为明暗之明。”《正字通·目部》:“明,田艺衡曰:‘古皆从日月作明,汉乃从目作明。’”

在汉语中,与“明”有关的词也总是与光亮、清楚等意思相联系,如明显、明眼、明察、明镜、明主、明珠、聪明、发明、阐明、声明等,其基本意思可说都是从“明”字的本义光明、明亮而生发出来的。

“明”又引申有神明之意。祭神、供神及死者的祭物皆洁净,故称明。《释名·释丧制》:“送死曰明器,神明之器,异于人也。”《字汇·日部》:“明,神灵也。”《周礼·秋官·司烜氏》:“以鉴取明水于月。”贾公彦疏:“明者,洁也。”《礼记·曲礼下》:“稷曰明粢。”孔颖达疏:“明,白也。”又引申有尊敬之意。《管子·牧民》:“顺民之经,在明鬼神、祇山川、敬宗庙、恭祖旧。”郭沫若等《管子集校》:“闻一多按:明,犹敬也。金文明、盟同字,本训祭,故引申而有敬义。”《礼记·礼运》:“故君者所明也,非明人者也。”郑玄注:“明,犹尊也。”

与传世文字依然写作“明”不同的是,这一意义的“明”字,战国时期的楚国文字或从示写作[illegible]（《上博一·孔子诗论》简1），隶作䁅。汉字构形有一个特点，凡从示构形的字多与祭祀有关。䁅同明。商承祚《战国楚竹简汇编》："䁅，同明，古人用以殉葬的器谓明器，神明之器也，亦称冥器。"

《晋文公复国图》（宋·李唐）

引自《中华文化丛书·中华节日》 第61页 李汉秋 熊静敏 谭绍兵 编著 百花洲文艺出版社 2012年10月第1版

"明"字的"神明"这一引申义与"清明"是否有着直接的关系，今无从得知。通常来说，"清明"的名称多与此时天气物候的特点有关。《淮南子·天文训》中就说："春分后十五日，斗指乙，则清明风至。""清明风"即清爽明净之风。宋代陈元靓的《岁时广记》云:“清明者,谓物生清净明洁。”清代富察敦崇在他的《燕京岁时记》中引《岁时百问》中的话说:“万物生长此时,皆清洁而明净,故谓之清明。”然而,“清明”既是中国农历二十四节气之一,也是中国传统的节日,是最重要的祭祀节日之一,是祭祖和扫墓的日子,这似乎又与“明”字联系了起来。中国汉族传统的清明节大约始于周代,距今已有二千五百多年的历史。相传,清明节的起源,始于古代帝王将相的“墓祭”之礼,后来民间亦相仿效,在这一天祭祖扫墓,历代沿袭而成为中华民族一种固定的风俗。

相传春秋时期,晋国公子重耳由于遭到其父王宠妃骊姬的陷害,被迫带着一群家臣仓惶出逃,踏上了流亡之路,这其中就有介子推。他们一路上风餐露宿,重耳饥病交加,气息奄奄。介子推见状毅然拔刀从自己大腿上割下一块肉,熬成汤给重耳充饥,从而保全了重耳的性命。这就是历史上“割股奉君”的故事。19年后,重耳登上了晋国王位,史称晋文公。此时,他受到一帮大臣的曲意奉迎,一时间志得意满,大肆分封,唯独忘了介子推。很多人为介子推鸣不平,劝他面君讨赏,然而介子推最鄙视那些争功讨赏的人,便作出了隐居绵山、独善其身的选择。晋文公知道后,急忙带着大臣们赶到绵山寻找,却始终不见介子推的影子。晋文公便命人放火烧山,只留下一条道路。一时间,风起火烈,大火绵延数百里。三天后,晋文公上山寻找,却发现介子推与母亲已葬身火海。装殓时,从树洞里发现一封血书,上面写道:“割肉奉君尽丹心,但愿主公常清明。柳下作鬼终不见,强似伴君作谏臣。倘若主公心有我,忆我之时常自省。臣在九泉心无愧,勤政清明复清明。”为纪念介子推,晋文公下令将这一天定为寒食节。第二年,晋文公率众臣登山祭奠,发现老柳树死而复活,便赐老柳树为“清明柳”,并晓谕天下,把寒食节的后一天定为清明节。

传说中的介子推的“清明”诗，究竟是其原作还是后人附会，已无从知晓。诗中“清明”一词已由最初的天气物候之意引申出政治有法度、有条理之意，则显然寄托了人们对政教清明的渴望，这与人类对于光明的渴望是一脉相承的。

介子推塑像

引自《中华文化丛书·中华节日》第62页 李汉秋 熊静敏 谭绍兵 编著 百花洲文艺出版社 2012年10月第1版

【月“旦”春秋】

日出之景致，总是能给人以某种冲动。这种冲动，源自人类渴望光明的本能。这种冲动，在文人身上则体现得淋漓尽致。

在历代描写日出的诗句中，最美恐怕莫过于唐朝诗人白居易的《忆江南》：“江南好，风景旧曾谙。日出江花红胜火，春来江水绿如蓝，能不忆江南？”写江南的“日出江花”和“春来江水”，正是写最美的地方、最美的时刻和最美的景色。

关于日出，清人姚鼐的名文《登泰山记》也有一段精彩的描写：“戊申晦，五鼓，与子颖坐日观亭，待日出。大风扬积雪击面，亭东自足下皆云漫，稍见云中白若樗蒱数十立者，山也。极天云一线异色，须臾成五彩。日上，正赤如丹，下有红光，动摇承之。或曰，此东海也。回视日观以西峰，或得日或否，绛皓驳色，而皆若偻。”

大汶口文化遗址出土的陶器 刻有“”
引自《图书山东·大汶口文化》 第86页 张从军主编 山东美术出版社 2013年1月第1版

大汶口文化遗址出土的陶器 刻有“”
引自《图书山东·大汶口文化》 第85页 张从军主编 山东美术出版社 2013年1月第1版

与姚鼐的描写相映成趣的是，此文作出近二百年之后，在泰山附近莒县陵阳河距今约6300—4500年的大汶口文化遗址出土的陶器上，发现了象征日出的图形文字、。于省吾先生在其《关于古文字研究的若干问题》一文中就说道：“这是原始的‘旦’字。”第一字的上部构件是日，下部构件应该是太阳升离海面时因远距离视觉差异而看到的红光与海浪相连之形。第二个字的下半部是山，应当是第一个字的异体。两字形体不同，大概是造字时所处的地理形势不同的缘故。从海滨看见的日出，日下只有红光与海浪相连，即“下有红光动摇承之”。在泰山或者别的大山上看到的日出，前方还有山陵起伏，故下有“山”字，“云中白若樗蒱数十立者”也一起反映了出来。上古山东居民看到的海上日出与后世的情景当然相同，姚文可以作为这两个字的形象化解释。

不仅如此，在距今约4 600—4 000年的新石器晚期出土的龙山文化黑陶外部也出现了刻划形体。据于省吾先生的考释，它表示早晨太阳初升景象：像太阳，像云气承托着初升的太阳，像山有五峰形（古文字中的“山”多作三峰形，但商器父任尊的“山”作，与此相仿）。此图形很可能是后来简化了的会意字“旦”字。

这几个图形文字的考古发现，印证了唐兰先生在其《中国文字学》一书中“无论从哪一方面看，文字的发展，总远在夏以前。至少在四五千年前，我们的文字已经很发展了”的说法。

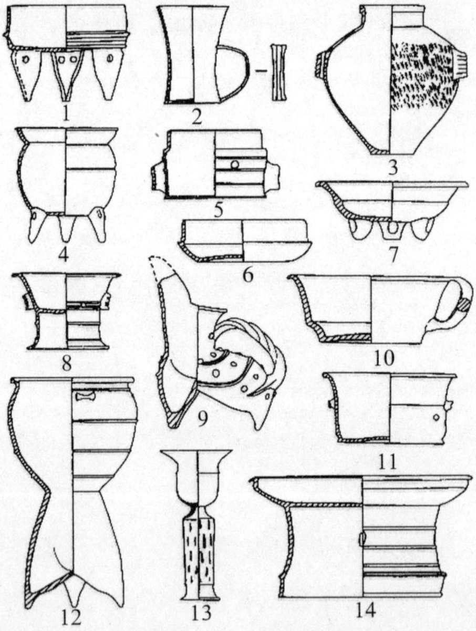

山东龙山文化陶器组合图

引自《图说山东·龙山文化》第66页 张从军主编 山东美术出版社 2013年1月第1版

文字的创制与环境密切相关。同为观看“日出”，处于不同环境条件下，其感受是不一样的：自平原观之，红日离地而起，喷薄而上；自海上观之，则日之初出如为海气所吞吐，摩荡片刻乃去海升空；自高山之颠观之，初出之日于山峰之间若隐若现，迟疑片刻，便凌然山峰之上。这些景象，相信许多读者是“司空见惯”的。感受的不同，所造出来的文字符号也是会有区别的。

甲骨文中有“王其观日出”的占卜，也有不少祭日的记载。至于商王是如何观日出的，现已不可考；但甲骨文中的“旦”写作、，似乎便是平原观日出所见图像的浓缩。由于是刀刻，圆的太阳成了长方形乃至菱形；作为大地象征的不是一横，而是被刻成或，有些像口了。所以，郭沫若先生曾把它释作“昌”字。其实旦、昌二字同源。《说文解字·日部》：“昌，美言也。从日，从曰。一曰日光也。《诗》曰：‘东方昌矣。’（昌），籀文昌。”《广雅·释言》：“昌，光也。”《玉篇·日部》：“昌，明也。”对此，于省吾先生《双剑誃殷栔骈枝三编》也认为：“旦昌同原，后岐为二。”又云：“契文旦字当系从日、丁声。丁、旦双声，并端母字。契文丁字作、，与旦字下从之虚匡形同。契文旦亦作，下从，中有小横，乃变体也。金文丁字作、，与旦字下从之填实形同。此旦字演变之证验也。”显然，于省吾先生认为甲骨文的“旦”字上面是“日”，下面的“口”为“丁”，“丁”表声。于先生的解释不无道理。

金文的“旦”字写作、，清末古文字学家吴大澂在其《说文古籀补》卷七说：金文“旦”字“象日初出未离于土”之状。金文中的个别“旦”字则作日离土之状，如休盘的“旦”写作。

“旦”字由甲骨文、金文发展演变为小篆，填实的地方皆简化为一横，字便定形为，平整对称，好像太阳从地平线上升起，而海上或山间日出的壮丽景象则随着形体的变化而消失了。《说文解字·旦部》：“旦，明也。从日见一上，一，地也。”验之于甲骨文、金文，许慎的这一解释应该说是正确的。

从字形看词义，“旦”字的本义应当是“日出”、“太阳升起”。南唐徐锴《说文解字系传》就说：“旦，日出于地也。”清人郝懿行《尔雅义疏》也说：“日出地上曰旦。”《公羊传·哀公十三年》“见于旦也”何休注：“旦者，日方出。”徐彦疏：“旦者，日方出地，未相去离之辞。”太阳升起，自然光明就来临。《说文》训“明”是“旦”的引申义。如，《诗·邶风·匏有苦叶》：“雝雝鸣雁，旭日始旦。”朱熹《诗集传》云：“旭，日初出貌。”又如，《诗·大雅·板》：“昊天曰明，及尔出王。昊天曰旦，及尔游衍。”毛传：“旦，明也。”《传疏》：“‘昊天曰旦’，犹‘昊天曰明’耳。”朱熹注：“旦，明也。”《竹书纪年》卷下：“懿王元年丙寅春正月，王即位，天再旦于郑。”所谓“再旦”，就是第二次给予光明之义。《尚书大传·虞夏传》载《卿云歌》：“日月光华，旦复旦兮。”郑玄注：“言明明相代。”诗的意思就是：太阳月亮的光辉，轮流照得大地明亮。

“旦”由明亮又引申为时间上的“天亮的时候”、“早晨”。《甲骨文合集》29781：“旦至于昏不雨。”《孟子·离娄下》：“坐以待旦。”《乐府诗集·木兰诗》：“旦辞爷娘去，暮宿黄河边。”今天成语“通宵达旦”、“枕戈待旦”中的“旦”仍在使用。

到早晨，新的一天开始了，“旦”又引申为表示时间的“天”、“日”。《庄子·外物》：“投竿东海，旦旦而钓，期年不得鱼。”《战国策·燕策二》：“人有卖骏马者，比三旦立市，人莫之知。”唐柳宗元《捕蛇者说》：“盖一岁之犯死者二焉，其余则熙熙而乐，岂若吾乡邻之旦旦有是哉。”“旦旦”就是“天天”、“日日”之意。后又可表诚恳之义，最著名之诗句莫过于《诗经·卫风·氓》中的“言笑晏晏，信誓旦旦”了。因这两句诗，后世又演变为以“旦旦”比喻盟誓，就已经远离了“旦”之本义。

由“天”、“日”之义，又引申特指农历的每月初一。《书·大禹谟》：“正月朔旦，受命于神宗。”所谓“朔旦”，是指旧历的每月初一；亦专指正月初一。

《列子·说符》:“邯郸之民以正月之旦献鸠于简子。”《史记·龟策列传》:“常以月旦拔龟,先以清水澡之,以卵祓之,乃持龟而遂之,若常以为祖。”张守节《史记正义》:“以常月朝清水洗之,以鸡卵摩而祝之。”汉曹操《求言令》:“自今以后,诸掾属治中、别驾,常以月旦各言其失,吾将览焉。”《南齐书·礼志上》:“秦人以十月旦为岁首。”所谓“月旦”就是指旧历的每月初一。“旦”的这一意义,在一些词语中依然保留。如,“元旦”指的是新年的第一天(以前是指夏历正月初一日,今指公历一月一日)。“旦表”是指封建时代在外的帅守监司,每月初一向皇帝上起居表,以代替朝参。“旦望”就是农历每月的初一和十五。“旦会”是指农历初一之朝会。

“月旦”一词本指农历的每月初一。后来,东汉末年由汝南郡人许劭兄弟主持的对当代人物或诗文字画等品评、褒贬的一项活动,因其常在每月的初一发表而得称,也称“月旦评”。典出《后汉书·许劭传》:“初,劭与靖俱有高名,好共核论乡党人物,每月辄更其品题,故汝南俗有‘月旦评’焉。”无论是谁,一经其品题,便身价百倍,世俗流传,以为美谈,所以“月旦”闻名遐迩,盛极一时,逐渐成为名士们品评人物的代名词。南朝梁刘峻在《广绝交论》中就有“雌黄出其唇吻,朱紫由其月旦”之说;宋人秦观也有诗云:“月旦尝居第一评,立朝风采照公卿。门生故吏知多少,尽向碑阴刻姓名。”明代戏曲作家王錂《春芜记》中有“心负云霄志,名高月旦评”一语。孔尚任《桃花扇·修札》也说:“舌唇才动,也成月旦春秋。”又或写作“旦月”。《汉魏南北朝墓志集释·隋陈叔明墓志》:“二子连环,高谈旦月。”

汉语中,作为清晨的标志,“旦”与“朝”是同义,而与“昏”、“夕”、“莫(暮)”相对。词语中屡见“旦夕”、“旦莫(暮)”之语;“一旦”又义同一朝、一日、万一,犹存于今口语。

至于传统戏剧中扮演女子的各种角色称为“旦”,如花旦、老旦、小旦、色旦、正旦、副旦、闺门旦、武旦、彩旦 (摇旦) 等，诸如此类的“旦”则纯属借用，与“日出”之义风马牛不相及了。或说“旦”的本义是指旭日东升，而戏曲角色的旦角表演的都是女性，女性属阴，故反其用而名之为“旦”。聊备一说。

图书在版编目(CIP)数据

汉字中的历法之美/蒋德平著．—上海：文汇出版社，2015.2
（看懂中国字 读懂中国心／王元鹿主编）
ISBN 978-7-5496-1124-9

Ⅰ．①汉… Ⅱ．①蒋… Ⅲ．①汉字-研究 Ⅳ．①H12

中国版本图书馆CIP数据核字(2015)第007275号

丛书策划：张 衍
丛书主编：王元鹿
出 版 人：桂国强

○看懂中国字 读懂中国心○

汉字中的历法之美

作 者：蒋德平
责任编辑：乔 聿
装帧设计：王 翔

出版发行：文匯出版社
上海市威海路755号
（邮政编码：200041）
经 销：全国新华书店
印刷装订：上海中华商务联合印刷有限公司

版 次：2015年3月第1版
印 次：2015年3月第1次印刷
开 本：640×960 1/16
字 数：175千
印 张：15

ISBN 978-7-5496-1124-9
定 价：45.00元